实验创新：
化学核心素养落地路径探索

沈坤华 等著

浙江工商大学出版社
ZHEJIANG GONGSHANG UNIVERSITY PRESS

·杭州·

图书在版编目(CIP)数据

实验创新:化学核心素养落地路径探索 / 沈坤华等著.
— 杭州:浙江工商大学出版社,2020.6(2022.10 重印)
ISBN 978-7-5178-3838-8

Ⅰ. ①实… Ⅱ. ①沈… Ⅲ. ①化学实验—教学研究—
高中 Ⅳ. ①G633.82

中国版本图书馆 CIP 数据核字(2020)第 079758 号

实验创新:化学核心素养落地路径探索
SHIYAN CHUANGXIN:HUAXUE HEXIN SUYANG LUODI LUJING TANSUO
沈坤华 等著

责任编辑	沈明珠
封面设计	林朦朦
责任印制	包建辉
出版发行	浙江工商大学出版社
	(杭州市教工路 198 号 邮政编码310012)
	(E-mail:zjgsupress@163.com)
	(网址:http://www.zjgsupress.com)
	电话:0571-88904980,88831806(传真)
排 版	杭州朝曦图文设计有限公司
印 刷	广东虎彩云印刷有限公司绍兴分公司
开 本	710mm×1000mm 1/16
印 张	14
字 数	242 千
版 印 次	2020 年 6 月第 1 版 2022 年 10 月第 3 次印刷
书 号	ISBN 978-7-5178-3838-8
定 价	56.00 元

本书著者

沈坤华　顾仲良　于　涛　李　艳
王彦军　盛晓忠　任传爱　方洪川
龚　贤　孙文颉　费芳芳　张少文
徐　鹏　徐　慧　金国林　谢惠芳

前　言

　　化学是在原子、分子水平上研究物质的组成、结构、性质、转化及其应用的一门基础学科，其特征是从微观层次认识物质，以符号形式描述物质，在不同层面创造物质，从而促进人类文明的可持续发展。以实验为基础，是化学学科的重要特征之一。学生通过化学实验获取信息，进行信息处理获得证据，基于证据进行推理，得出结论和规律，建立认知模型，培养宏微结合思想，探究化学现象的微观本质，训练批判性思维和跨学科思想，提升科学探究能力，促进化学学科核心素养发展。我国著名化学家戴安邦先生曾倡导"全面的化学教育"，其在《实验教学是实施全面化学教育的有效形式》一文中指出："化学教育就是要求教学不仅仅是传授知识和技术，还有更重要的，就是要训练科学方法和科学思维，同时还要培养科学精神和科学品德。"由此可见，老一辈化学家非常重视化学实验的育人价值，这对新课改背景下我们研究化学实验、改进实验教学有很大的启发和指导意义。

　　为更好地发挥化学实验的教育价值，探索化学学科育人的路径和方法，实现普通高中育人方式的变革，浙江省特级教师沈坤华老师领衔的嘉兴市化学名师工作室组织实施浙江省2017年度教研规划课题——化学核心素养在实验创新中的落地研究（编号：G17120），通过课题研究，探索化学核心素养落地的路径。经过一年多的研究和集体研讨，工作室形成了数十个实验创新案例，可以说这些案例是工作室团队集体智慧的结晶。我们从中精选了33个优秀案例和4篇实验教学研究论文并结集出版，其中已有超过一半的案例先后发表于《化学教学》《中学化学教学参考》《教育与装备研究》《化学教与学》《实验教学与仪器》等刊物，与同行交流分享。

　　本书按内容分为实验教学研究和实验创新案例两部分。实验教学研究主要探讨化学核心素养在实验创新中落地的路径和策略。实验创新案例是发展学生核心素养的教学资源，也是本书最主要的内容。这些实验创新案例大致可分为四类:一是装置创新类实验,聚焦装置设计的封闭性、简约性和一体化,减少实验对环境的影响。二是条件创新类实验,主要从化学反应原理角度着手,通过改良或使用催化剂使反应达到适合课堂演示的要求。三是技术创新类实验,突出信息技术、先进科学仪器在化学教学中的应用,使实验证据更具可视化、实证性。四是应用创新类实验,是为突破教学重难点而开发的实验。还有一些实验兼具上述几种特征,分类时主要考虑一种特征而归入某一类别,所以分类比较粗略,但不影响实验育人功能的发挥。

出版本书的目的是想通过这些案例展示实验设计者的思维方式,给化学教学同行提供启发和借鉴,以期给同行在实验改进与创新思路、实验教学研究和发挥实验育人的价值方面起抛砖引玉的作用。本书收录的实验案例,有些可以直接在课堂上进行演示,以改进课堂教学;有些可以作为情境教学的素材,创设生动活泼的教学情境;有些可以设计成项目式学习,引导学生科学探究;还有些可以供学生在课外社团活动中实践和创新。本书适合高中化学教师、实验员或化学教学研究人员使用,也可供高中学生开展课外活动或师范院校化学教育专业学生选用。

本书由名师工作室领衔人沈坤华老师策划,各章节内容的撰稿人为:桐乡市凤鸣高级中学沈坤华,海宁一中顾仲良,桐乡市凤鸣高级中学于涛,海宁市高级中学李艳,海盐县元济高级中学王彦军,平湖中学盛晓忠,桐乡市高级中学任传爱,嘉兴高级中学方洪川,嘉善县教育研究培训中心龚贤,桐乡市凤鸣高级中学孙文颉,海宁一中费芳芳,海盐县元济高级中学张少文,平湖市新华爱心高级中学徐鹏,嘉兴三中徐慧,桐乡市高级中学金国林,桐乡市凤鸣高级中学谢惠芳。孙文颉老师参与了实验案例分类等工作,全书由沈坤华老师修改并统稿。

本书的出版,要特别感谢名师工作室的日常管理部门嘉兴教育学院的大力支持;感谢来自嘉兴市五县(市)两区优秀化学教师组成的工作室团队的每位学员,他们为之付出了心血;感谢浙江工商大学出版社沈明珠编辑,她认真仔细地审稿、校对,才使本书顺利与读者见面。由于水平有限,书中所述可能有疏漏和不妥之处,敬请广大读者批评指正。

沈坤华

2020 年 3 月

目　录

第一章
实验教学研究

　　化学实验教学指教师将化学实验置于一定的化学教学情境下，为实现一定的化学教学目的而开展的一系列教学活动，它是化学教学的重要组成部分。高中化学新课程的主旨是"发展学生的化学学科核心素养"，这就决定了化学实验教学的目标必须服从、服务于这个主旨。化学实验教学研究不仅仅是从认识论和方法论的角度解决如何做实验的问题，更要从新课程理念和教学论角度研究化学实验在促进学生化学学科核心素养主动、全面发展方面的功能和价值；研究通过什么样的途径和模式，采取什么样的策略和手段，以充分发挥化学实验的功能，全面体现实验的价值；研究这些功能和价值发挥及体现的程度和实际效果，促进普通高中育人方式的变革。本章内容在这些方面进行了一些有益探索，以起抛砖引玉之用。

创新化学实验 培养核心素养

【摘 要】实验是化学学科最为突出的特点,是化学核心素养培养的重要途径。针对高中化学教材中一些化学实验存在的不足,提出了"创新实验情境,探究现象与本质间联系,训练科学方法;优化实验装置,发挥实验教学功能,促进素养养成;改进实验条件,展现探究过程,形成变化观念;改变反应原理,强化物质结构与性质间联系,培养宏微结合思想"等实验改进与创新策略,从而发挥化学实验应有的育人价值,使化学核心素养在实验教学中真正落地。

【关键词】实验创新;化学核心素养;实验教学

以实验为基础是化学学科的重要特征之一[1],化学实验是高中化学课程和化学教学的重要组成部分,是激发学生学习兴趣,发现与建构化学知识,培养学生实践能力,发展学生学科思维和训练学生科学方法等的重要实践活动。化学实验有利于学生形成科学本质观、科学实践观和科学价值观[2],对于发展学生化学学科核心素养有着极其重要的作用。然而,现行高中化学教材无论哪种版本或多或少存在着实验现象不够明显,影响证据推理;实验设计思路陈旧,没能体现新课程理念;实验原理背离可持续发展意识,实验过程造成室内环境污染;实验内容没能结合生活情境,远离师生日常生活;化学反应过于缓慢,无法在课堂上观察;教材重点、难点处没有安排相应化学实验;等等问题。这些问题的存在,影响了课堂教学的效果和化学核心素养的发展。为此,笔者的名师工作室团队结合教学实际,以实施浙江省教研规划课题为契机,积极研究、探索教材实验的改进与创新,挖掘化学实验的功能,形成了数十个实验创新案例,更好地发挥化学实验应有的育人价值,以期让核心素养在化学课堂教学落地。

现选取化学实验创新的四个研究视角,并结合实例分析实验的创新及其在发展学生化学核心素养中的作用,以期抛砖引玉。

一、创新实验情境,探究现象与本质间联系,训练科学方法

情境教学的倡导者布鲁纳指出:"知识只有在它们产生及应用的情境中才能产生意义。知识绝不能从它本身所处的环境中孤立出来,学习知识的最好方法就是在情境中进行。"[3]基于核心素养的教学,教师要为学生创设真实且富有价值的问题情境,并以此为主线,将教学内容融入其中。高中化学教材中的一些实验脱离学生的生活实际,实验过程中很难引起学生的共鸣。基于真实情境开展的实验探究更能引起学生的学习兴趣和热情,也让学生充分体会到了化学是源于生活而又服务于生活的一门学科,学习化学对于生产和生活是非常有用的。

【教学实例】基于苹果汁变色的化学实验创新设计(化学反应速率的影响因素)

反应原理:鲜榨的苹果汁在空气中放置一段时间颜色变深,变化的原理如下:

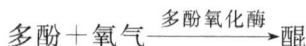

$$多酚 + 氧气 \xrightarrow{\text{多酚氧化酶}} 醌$$

实验用品:新鲜苹果、维生素 C、食盐、饮用水、榨汁机、杯子、量杯。

实验步骤:

1.连接好榨汁机,把苹果洗干净。(课前完成)

2.取 6 只杯子,标号①②③④⑤⑥。(课前完成)

3.向①②③号杯子中各加 100 mL 矿泉水,④号杯子中加入 100 mL 40℃左右的热水,⑤号杯子中加入 100 mL 60℃左右的热水。

4.榨汁。按顺序,分别在①②③④⑤⑥号水杯中各流入约 40 mL 的苹果汁。在学生的帮助下在流入苹果汁的同时在①号杯子中快速加入半片维生素 C,在②号杯子中加入少量食盐粉末。

5.榨汁结束后观察每只水杯中的苹果汁颜色。

6.向⑥号杯子中加入 100 mL 矿泉水,观察每只水杯中苹果汁的颜色。

原因分析:①中苹果汁能保持长时间不变色的原因是维生素 C 与氧气反应速率更快,消耗了氧气,从而保护了苹果汁中的多酚不被氧化。①③组实验对比可以发现反应物本身的性质对反应速率的影响,也就是不同的化学反应速率的快慢主要受反应物本身的性质影响,即内因。②中苹果汁能保持长时间不变色的原因是多酚氧化酶是一种蛋白质,加入食盐使之盐析,降低了其催化效果,从而减慢了氧化反应速率。②③组实验对比可以发现,对于同一反应,有催化剂存在可以加快反应速率。③④⑤组实验对比可以发现,对于同一个反应,温度升高

会加快反应速率。③⑥组实验对比可以发现，对于同一个反应，增大浓度会加快反应速率。实验还发现每只水杯中液体表面的变色速率明显快于内部，可推测增大反应物的接触面积可以加快反应速率。

本实验的探究培养了学生多方面的化学核心素养。首先，学生通过观察、比较、分析、推理等认知活动，探究影响化学反应速率的内因和外因（浓度、温度、催化剂、接触面积），最终建立了模型，对于发展证据推理与模型认知的核心素养十分有效。其次，通过本实验的研究，学生总结出抑制苹果汁变色的方法，通过查阅资料发现工业生产苹果汁采用的方法和自己总结出的是一样的，学生兴奋不已，体会到科学探究是进行科学解释、发现、创造和应用的科学实践活动，实验过程中，培养了学生敢于质疑、勇于创新的品质。整个实验设计及实验过程，训练了学生在多因素复杂体系中控制变量的科学探究方法。

化学教师平时要善于利用生活中的化学教学资源，不断挖掘贴近学生生活实际的实验素材，开发生活化化学实验案例，将化学变化的原理寓于生活实际，搭建知识与素养之间的桥梁，帮助学生建构和巩固知识体系，形成看待问题的化学视角，发展学生化学学科核心素养。

二、优化实验装置，发挥实验教学功能，促进素养养成

高中化学教材中的一些实验，在实验过程中会出现实验现象不明显、可视化差、易造成环境污染、存在一定的安全隐患等问题。对教材实验装置进行改进、创新可以解决上述问题，发挥化学实验的教学功能，提高实验教学效果。

【教学实例】一氧化氮和二氧化氮相互转化的实验创新设计

实验原理：铜与稀硝酸反应会产生无色的一氧化氮，一氧化氮遇空气很快转化成红棕色气体二氧化氮，二氧化氮又会与水反应生成一氧化氮。

$3Cu + 8HNO_3(稀) \rightleftharpoons 3Cu(NO_3)_2 + 2NO\uparrow + 4H_2O$

$2NO + O_2 \rightleftharpoons 2NO_2$

$3NO_2 + H_2O \rightleftharpoons 2HNO_3 + NO$

实验用品：1∶4稀硝酸、铜片、针筒、J形管、橡胶塞等。

实验步骤：

1. 观察NO的生成。

按图1将3片铜片插入橡胶塞底部，并将针筒插入橡胶塞待用，俯视如图2所示。先往J形管中加入1∶4稀硝酸至短管处液面即将溢出，再按图3所示将

橡胶塞安装在J形管的短管处,确保橡胶塞下方无气泡。观察反应生成的无色一氧化氮气体。

图1　铜片安装图　　　　图2　俯视图　　　　图3　整套实验装置图

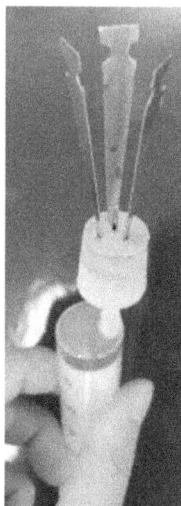

2.NO和NO_2的相互转化。

利用针筒抽取J形管短管处产生的NO气体(图4),往针筒中抽进空气(图5),可实现NO向NO_2的转化,再往针筒中抽水即可实现NO_2向NO的转化(图6)。

图4　针筒抽取NO气体　　　图5　NO向NO_2转化实验　　图6　NO_2向NO转化实验

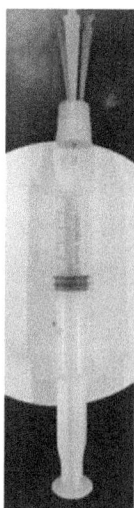

　　本实验使用针筒和 J 形管这样非常简单的实验器材组合成实验装置,观察到了无色一氧化氮气体的产生,同时还能观察到一氧化氮和二氧化氮的相互转化,有效避免了氮氧化物的排放,实验过程绿色化。原人教版教材实验效果不明显,且实验过程有污染,新的苏教版、人教版教材删除了此实验。我们对实验装置进行了改进,并用于课堂教学,发展了学生科学探究与创新意识、科学态度与社会责任素养,另外,对实验现象的观察与分析也有效地培养了学生的变化观念、证据推理等方面的化学核心素养。

　　化学教师利用常见实验仪器,对原有实验进行改进重组,以期发挥实验教学的功能。也可利用生活中简易器材设计成环保型或安全型的实验装置,替代教材中的原有装置。如甲烷与氯气在光照条件下的反应可在回收的医用滴液袋中进行,强光照射后现象明显,发展学生证据推理和变化观念等化学核心素养;在封闭体系中,把试剂分别滴入塑料药板空穴中,进行二氧化硫气体性质一体化实验等,体现绿色化学理念,培养学生社会责任意识。

三、改进实验条件,展现探究过程,形成变化观念

　　实验条件指发生化学反应的外界环境,它要通过反应物的本质属性起作用,是物质发生化学变化的外在因素。化学教材中的有些实验,由于反应速率缓慢,难以在课堂中作为演示实验来进行教学。有时只需换一个视角看问题,改进一下实验的条件,可能会有意想不到的收获。

　　次氯酸分解实验是一个典型的传统化学实验,现行的高中化学教材均没有设计演示实验,主要是因为次氯酸分解速率比较慢,在课堂上演示,短时间内难以观察到明显的实验现象。如何改进此实验一直困扰着一线化学教师。

　　【教学实例】次氯酸分解反应的实验创新设计

　　实验原理:$2HClO \xlongequal{\quad} 2HCl + O_2 \uparrow$

　　实验用品:新制饱和氯水、0.1 g 钴氧化物、溶解氧传感器、pH 传感器及配套设备(威成亚)、小烧杯、电子天平、玻璃棒、量筒。

实验装置见图 7。

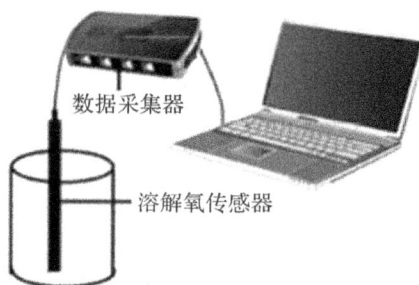

图 7　实验装置图

实验步骤:

1. 取两只小烧杯,各加入 15 mL 新制饱和氯水。

2. 按图 7 连接好装置,打开计算机中 WCY Dislab 软件,设置好实验参数,点击"开始"按钮,待仪器测定溶解氧含量稳定后,向一只烧杯中加入 0.1 g 钴氧化物,放在阴暗处观察氯水中溶解氧的变化情况;另一只烧杯放在自然光下,观察溶解氧的变化情况。(见图 8)

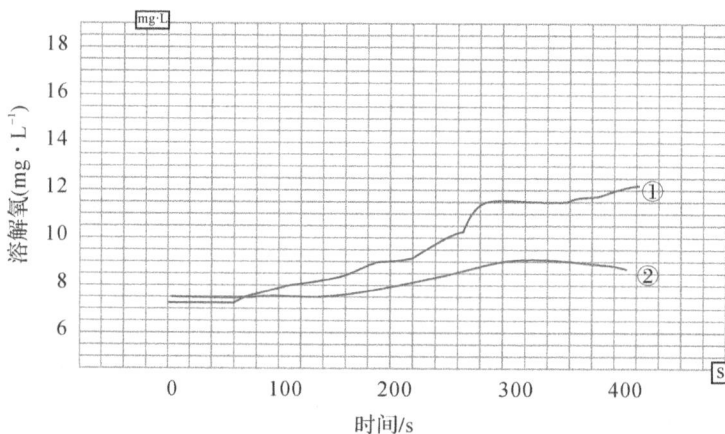

①—加 0.1 g 钴氧化物催化剂,不光照;②—光照,不加催化剂

图 8　催化条件与光照条件下次氯酸分解反应速率对比

由图 8 可知,在催化剂存在条件下,氯水溶液中溶解氧含量变化比光照条件下更快,变化量更大,因此,次氯酸在催化条件下的分解反应速率比光照条件下更快。工作室团队采用了 MnO_2、Fe_3O_4、Fe_2O_3、NiO、CuO、氧化钴等多种过渡

金属氧化物试验,发现氧化钴的催化效果最好。同时,工作室团队还研究了催化剂氧化钴用量及氯水的 pH 值与次氯酸分解速率的关系。

　　目前文献报道的关于次氯酸分解实验的改进主要集中在两个方面:①从次氯酸浓度角度改进,加快次氯酸分解反应速率;②改进实验装置,方便氧气的收集。我们另辟蹊径,从催化剂的角度改进实验条件,加快反应速率,借助数字化实验器材,顺利完成演示实验。通过分析此实验的改进,让学生认识到物质的变化是有条件的,从内因与外因两个视角较全面认识物质的化学变化,增进对化学学科本质的理解,发展学生变化观念、科学探究与创新意识等化学学科核心素养。

四、改变反应原理,强化物质结构与性质间联系,
培养宏微结合思想

　　新版《普通高中化学课程标准》"物质结构与性质"模块增加了"超分子、聚集态"等教学内容[4],丰富了中学教育所应认识的微粒种类,这是化学科学发展对中学教育提出的新要求,化学教师应积极探索化学新知识、新技术在日常教学中的应用。对于一些实验现象不明显或者反应速率过慢等影响实验教学价值的实验,教师如果能采用一些新知识、新技术来改进(创新)实验,解决这些问题,这对培养学生的化学核心素养是十分有益的。

　　【教学实例】高锰酸钾氧化甲苯的实验创新设计[5]

　　实验原理:应用相转移催化作用原理。本实验所用的相转移催化剂是 18-冠醚-6,其分子结构如图 9 所示。

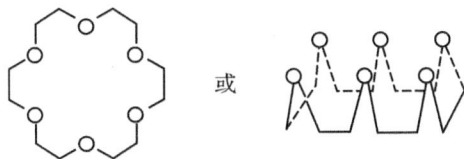

图 9　18-冠醚-6 分子结构

　　在溶有 18-冠醚-6 的甲苯溶液中,滴入高锰酸钾溶液,冠醚环上氧原子的孤对电子与 K^+ 离子配位,形成稳定配合物,形象地表示为"钾离子落到分子中心的洞穴里",并利用冠醚配离子对有机溶剂的亲和性,使得钾离子从水溶液转移到有机溶剂,带负电荷的 MnO_4^- 离子也随之进入有机溶剂中,形成如图 10 所示

结构。

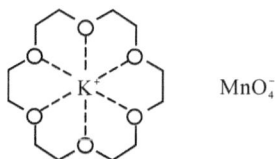

图 10　18-冠醚-6 与 K$^+$ 形成的配位化合物

结果,18-冠醚-6 使高锰酸钾间接地"溶于"甲苯。在甲苯溶液中,没有水合的、完全裸露的 MnO_4^- 离子氧化能力更强,迅速将甲苯分子氧化,溶液紫色褪去。

实验用品:0.005 mol·L^{-1} 高锰酸钾溶液(中性)、18-冠醚-6、甲苯(以上 2 种药品及事先配制溶液用的高锰酸钾晶体均为分析纯试剂)、试管、量筒、药匙、胶头滴管、热水。

实验步骤:

1.取一支试管,向其中加入 1—2 粒绿豆大小的 18-冠醚-6 晶体,再向试管中加入 2 mL 甲苯,振荡,使其全部溶解,得冠醚的甲苯溶液。

2.在所得溶液中滴加 3 滴浓度为 0.005 mol·L^{-1} 高锰酸钾溶液(中性),振荡试管,观察实验现象。必要时把试管放入热水浴中,观察实验现象。

上述步骤 2 也可以设计为:在所得冠醚的甲苯溶液中,加入极少量的高锰酸钾晶体,振荡,整个溶液立刻显紫红色,过一会儿紫红色褪去变淡棕色。

本实验涉及超分子化学领域,18-冠醚-6 是主体,钾离子是客体,主客体通过配位键形成了超分子,18-冠醚-6 在反应中起到相转移催化作用。通过对 18-冠醚-6 作用的探析,引导学生从物质的微观层面理解其结构的特殊性,形成结构决定性质的观念,并从宏观和微观相结合的视角分析与解释催化作用原理,理解化学学科宏微符三重表征的思维特点,同时也体现了化学理论对化学实践的指导作用。又如,彭梭等[6]采用 25% 乙烯利溶液和氢氧化钠固体反应制乙烯,且反应不需加热,避免了教材实验中许多副反应的发生,其反应原理是在碱性条件下乙烯利发生消去反应生成乙烯。

以上仅从实验情境、实验装置、实验条件、反应原理等视角分析实验创新的策略及其在发展学生化学学科核心素养中的作用。在日常教学中,化学教师要提高对实验教学功能的认识,不要仅仅停留在培养学生学习兴趣层面,更要挖掘化学实验的育人价值,让化学学科核心素养在课堂教学中真正落地。

参考文献

[1][4] 中华人民共和国教育部.普通高中化学课程标准(2017 年版)[S].北京:人民教育出版社,2018:43-44,72.

[2] 孙佳林,郑长龙.发展学生化学学科核心素养离不开化学实验[J].化学教育,2019,40(5):59-63.

[3] BROWN J S,COLLINS A,DUGUID P. Situated Cognition and Culture of Learning [J]. Educational Researcher,1989,18(1):32-42.

[5] 沈坤华.甲苯使酸性高锰酸钾溶液褪色实验的改进[J].化学教学,2019(1):56-58.

[6] 彭梭,刘延婷,陈肖宇,等.乙烯的实验室制备及性质检验的实验改进[J].化学教育,2016,37(13):50-52.

（发表于《教育与装备研究》2020 年第 3 期）

化学实验改进与创新的思考

——基于名师工作室研修视角

【摘　要】针对现行高中化学教材实验及实验改进与创新中存在的问题，名师工作室团队以课题研究为载体，开展主题研修活动，从准确理解实验教学功能、重视数字化实验技术的应用、吸纳学生共同参与实验创新、促进实验创新成果的转化等四个方面进行了反思与分析，提出了合理化实验教学建议。

【关键词】实验改进与创新；实验教学；成果转化；名师工作室

近几年来，名师工作室作为教师培养的一种新模式，在全国各地如雨后春笋般地涌现，它在建设名师队伍、推进新课程改革、辐射引领区域学科教研等方面发挥了积极作用。基于现行高中化学教材实验及一线化学教师在实验改进与创新中出现的问题，2019 年本人领衔的名师工作室以浙江省教研系统规划课题"化学核心素养在实验创新中的落地研究"为载体开展研修活动，积极探索现行高中化学教材的实验改进与创新，挖掘化学实验的内涵，让化学实验发挥应有的育人价值。回顾、反思研修工作，工作室团队从四个方面总结了值得同行关注的问题，以起抛砖引玉之用。

一、准确理解实验教学功能，明确实验改进方向

化学实验创新设计的重要价值是实现实验教学功能的增值，突破教学重难点，发展学生学科核心素养。作为化学教师，首先要全面深入理解教材实验设计的意图，深刻理解实验原理，挖掘实验内涵，明确实验所采用的科学研究方法，训练学生什么样的思维方式方法和化学学科实践能力，培养学生什么样的核心素养。其次教师基于实验教学功能的理解，结合实验创新设计的原则（如科学性原则、直观性原则、简约性原则和安全性原则等），分析现有实验或同行改进后的实

验存在的不足和问题,明确实验改进与创新的方向、思路,设计实验改进方案。

在课堂教学中,无论是改进实验还是增补实验,所有的出发点都是围绕教学目标,围绕学生的学习、发展而设计。然而,当前一线教师的许多实验改进案例,由于过分强调了某个方面的实验价值或片面理解实验价值,以致出现了装置刻意微型化、实验过度绿色化、简单装置复杂化、实验器材废品化等诸多问题[1],使实验改进偏离了初衷,从而削弱了实验应有的育人价值,这些倾向值得我们关注。

例如,浓硫酸与铜反应的实验是浓硫酸体现强氧化性的重要实验。现行苏教版教材实验装置分发生装置、性质检验装置和尾气处理装置三部分,装置简单,功能明确,实验操作时间短,现象明显。有同行设计了改进装置[2],如图1所示。这套装置集成度高、绿色环保,但装置仪器构成过于复杂,学生需要花较多时间来理解装置中各部分仪器的作用,如环颈双球漏斗、单向阀等,对学生思维能力提出较高要求,可能部分学生等实验做完还没弄清楚实验原理;组合后的实验有多个实验现象,不利于学生仔细观察,也难于确定观察的重点,弱化了原本教材实验的功能。此实验改进反映了实验设计者创新有余,遵循简约性原则不够的问题。

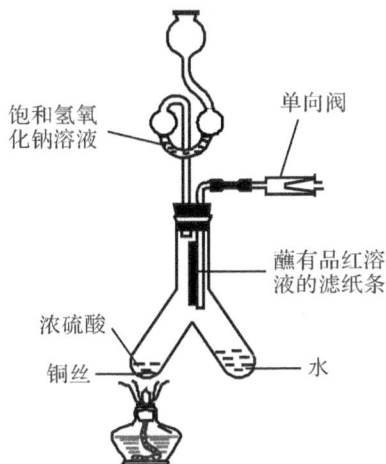

图1 浓硫酸与铜反应改进实验装置示意图

又如,一些教师常用废弃的医疗器械(如一次性输液袋、注射器等)改进实验,学生看不到试管及玻璃仪器,缺乏了化学仪器的功能及其基本操作方法的认识和体验,实验淡化了化学学科特征。这种改进不但有失化学之美,让学生感到恐惧，而且还存在传染疾病的风险[3]，不宜推广。

二、重视数字化实验技术的应用，体现教学时代特征

现代科学技术的发展，尤其是仪器科学的发展，更新了化学教学研究的手段，为实验改进与创新提供了全新的视角和思路，演绎了别样的精彩。采用传感器等数字化实验手段，使操作更简单，处理数据更科学，由计算机绘制实时动态图像，实验数据稳定性好，适合作为课堂演示实验或学生实验。数字化实验手段实现了化学实验从传统到现代、从定性到定量、从静态到动态的转变，帮助学生解决化学实验疑难，发展学生宏微结合、证据推理与模型认知等化学核心素养，促进学生深刻理解化学学科本质。

例如，利用数字化实验技术探究次氯酸催化分解反应。工作室团队选择了 MnO_2、Fe_2O_3、NiO、CuO、Co_2O_3 等多种过渡金属氧化物做催化剂进行试验，用溶解氧传感器测定不同催化剂无光照条件下次氯酸溶液中溶解氧的含量，计算机实时绘制时间—溶解氧含量变化曲线，发现氧化钴的催化效果最好。我们还研究了催化剂氧化钴的用量及氯水的 pH 值与次氯酸分解速率的关系，改进了一个长期困扰一线化学教师的疑难实验。改进后的实验课堂上演示时间短、操作简单、现象明显，使课堂教学体现了时代气息，提升了学生学习化学的兴趣和积极性。

笔者名师工作室团队的 15 名学员是嘉兴市五县(市)二区的各校优秀骨干教师，涉及 12 所学校，当地县(市)区最优秀的高中至少有 1 人入选，统计后发现有一半学校竟无数字化实验器材，反映出学校管理者及化学教师重视实验教学的意识薄弱。保障实验教学条件，普及数字化实验技术，提高实验教学质量，任重道远。

三、吸纳学生共同参与实验创新，落实以人为本理念

建构主义认为，学习是学生自己建构知识的过程，不是简单被动地接受信息，而是主动地建构知识意义的过程。学生只有亲身实践获得的经验才会感到真实、现实，并在大脑记忆中留下深刻印象，而没有体验的行为对学生产生的影响是浅层的、不深刻的。因此，实验创新不能孤立为教师的个人活动或几位教师

的合作行为,应积极吸纳学有余力的学生参与进来,让学生在做中学、学中做,训练学生的实验操作技能,激发他们的创新思维,体现"以学生发展为本"的实验创新理念。

例如,苏教版高中《化学2》教材中酯化反应演示实验,实验加热一段时间后,反应混合液出现炭化变黑现象,这样既不美观又分散学生注意力,还可能产生有毒气体,催化剂浓硫酸用量多且不能重复使用,实验结束后如丢弃含硫酸的废液,会流入下水道产生污染。基于上述问题,教师引导学生分析原因,阅读大学有机化学教材相关内容,共同研究酯化反应机理,寻找不能氧化乙醇等有机物的催化剂(路易斯酸),确定了"以无机盐为催化剂改进乙酸乙酯制备实验的研究"课题,论证了实验设计方案并开展研究。首先研究不同无机盐的催化性能,实验选择以 $ZnSO_4$、$FeCl_3$、$AlCl_3$、$CuCl_2$、$CuSO_4$、$Fe_2(SO_4)_3$、$MgSO_4$ 等 10 多种无机盐做催化剂,在其他相同实验条件下做试验,从产物的产量和残留液的颜色看,$AlCl_3$ 和 $Fe_2(SO_4)_3$ 是合适的催化剂。其次研究催化剂用量的影响,其他条件不变情况下,$AlCl_3$、$Fe_2(SO_4)_3$ 做催化剂使用 1 mmol 即可获得满意结果。再次进行催化剂重复使用次数的研究,实验得出两种催化剂在教材实验条件下均可使用 4 次及以上,实验后剩余残留液没有炭化变黑现象的结论。师生对教材实验进行改进,其实验研究过程是一个很好的学生项目学习的案例,培养学生实验设计能力,训练学生控制变量的科学研究方法,促进了学生学习方式的变革,发展学生化学学科核心素养。

四、促进实验创新成果的转化,提升教师实验素养

化学实验创新成果及时转化到教学实践中才有生机、活力,才能发挥实验应有的育人价值,促进教学质量的提高。熊言林教授提出的教研成果转化模型[4]如图 2 所示,也适合于实验创新案例(成果)的转化。

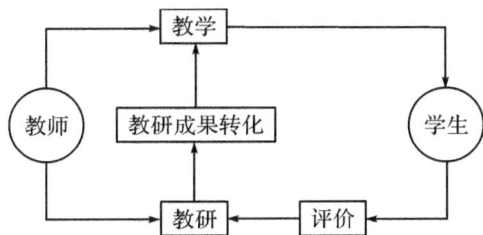

图 2　教研成果转化模型

评价是改进与完善教研成果,促进实验教学研究不断深入的抓手,从而形成良性互促的"教学、教研、成果转化与评价"循环体系。

在课堂教学中转化。根据课堂教学一定的教学目标,可将实验创新成果设计成探究性实验或验证性实验方案,采用适合的教学策略,在课堂教学中实施转化。例如,在"影响化学反应速率的因素"教学中,工作室学员用溴百里香酚蓝做指示剂,通过指示剂颜色变化的时间长短,研究 CO_2 气体压强对 CO_2 与 H_2O 反应生成 H_2CO_3 浓度大小(反应快慢)的影响。也有学员通过不同浓度、不同温度苹果汁放置空气中变褐色的快慢,研究浓度、温度、催化剂(苹果汁中的多酚氧化酶)对苹果汁氧化反应的影响,探究化学反应速率的影响因素,上述实验创新均取得了满意的教学效果。教师将研究的实验新装置、新技术、新操作、新原理和新实验及时地通过适合的教学策略转化到教学中,能使化学实验内容更加新颖、更加科学,以教师自身的榜样作用,激发学生的创新意识,发展学生化学学科核心素养。

在第二课堂中转化。随着新课改的深入推进,各校均安排了一定的课外活动或成立学生社团组织,为促进学生个性发展提供了舞台。教师可将创新成果设计成学生实验,让学生探究化学未知世界,体验实验探究的乐趣。例如,利用数字化实验技术探究不同催化剂对次氯酸分解反应的影响,教师设计成项目式学习,供学生探究,培养学生学科实践能力和创新能力,研究成果发表于公开刊物。

在同行交流研讨中转化。名师工作室 15 名学员影响的学校及化学教师是有限的,通过与教研室联合,召开全市化学实验改进与创新成果推广交流会,让全市各校派化学教师参与交流研讨,使自己的研究成果得到同行的认可与进一步完善,提高了自身教研水平,展示名师工作室风采,扩大在同行中的影响力。

名师工作室研修团队以"化学实验改进与创新"为主题开展研修活动是一种有益的尝试,一年多时间的研修实践中,工作室团队公开发表(含已录用)于《化学教学》《中学化学教学参考》《实验教学与仪器》等刊物的化学实验创新案例 28 篇,多次开设基于化学实验创新成果转化的公开课,探索成果转化的路径,提升化学教师的实验素养,促进了自身的专业发展。

参考文献

[1] 苏美华,陈成,叶海玲,等. 化学实验创新设计的误区与视角[J]. 实验教学与仪器,2017(4):17-18.

［2］张红卫. 浓硫酸与铜反应实验的改进［J］. 化学教学,2020(1):67-69.

［3］魏明,李月玲,刘陶文,等. 一次性医用输液器、注射器废弃物的处理［J］.中华医院感染学杂志,2008(7):1048-1050.

［4］熊言林. 化学教学实验研究［M］. 芜湖:安徽师范大学出版社,2016:69-70.

（发表于《现代中小学教育》2020 年第 6 期）

基于化学学科核心素养的创新实验研究
——以"碳酸钠与盐酸分步反应实验探究"为例

【摘　要】以"碳酸钠与盐酸分步反应实验探究"为例,通过对比实验创设情境,对教材实验进行定性、定量和数字化三次改进,引导学生从科学探究到实验创新,从宏观辨识到微观探析,从证据推理到模型认知,层层深入,逐步探究反应原理,落实化学核心素养。

【关键词】分步反应;实验探究;化学核心素养

随着课改的深入,核心素养已成为中小学教育教学研讨的主题词。课堂教学中究竟怎样培养学生的核心素养? 这是一线教师最为关心的问题。作为高中化学教师,在设计和开展教学时必须以化学学科核心素养为导向,充分体现化学学科的性质和特点,使化学教学过程成为学生化学核心素养的形成过程。现以"碳酸钠与盐酸分步反应实验探究"为例,提出在实验探究教学中落实学科核心素养的粗浅见解。

一、问题的提出

1.本实验在教学中的重要地位

实验探究碳酸钠与盐酸分步反应机理,是高中化学苏教版《化学1》"碳酸钠的性质与应用"教学的一项重要任务。

在这之前,学生在知识层面上已经掌握了碳酸钠与盐酸反应的方程式,但是不理解反应机理,对元素化合物的学习仍停留在初中所建立的认知模型上,如:盐+酸=新盐+新酸;在能力方面已经有了一定的实验基本技能,但实验探究意识和分析推理能力欠缺;学生思维浅层化,书上怎么说,教师怎么讲,就怎么去做。因此,让学生理解碳酸钠与盐酸分步反应机理,建构多元弱酸盐与较强酸反应的模型,提升设计、分析、操作实验的能力,是本实验探究所要达到的重要目标。这既是对初中酸、碱、盐的性质,复分解反应等知识的完善,又为今后离子反应、弱电解质电离的学习奠定基础。所以,实验的成败至关重要。

2.教材演示实验的不足

教材实验如图 1[1],因盐酸浓度过高,当浓盐酸滴入广口瓶中,瓶内立即产生大量气泡。该现象只能说明盐酸与碳酸钠可以反应,且有二氧化碳产生,这与学生的初中认知恰好相符,即 $Na_2CO_3 + 2HCl == 2NaCl + CO_2 \uparrow + H_2O$。不仅不能说明盐酸与碳酸钠是分步反应,也给接下来反应机理的探究学习制造了障碍。

图 1 教材实验

由于以上缺陷,教学中大多教师不演示,纯理论分析,或要求记忆反应机理,这不利于高一学生的认知水平发展。

3.化学实验探究模型

证据推理与模型认知是化学核心素养的思维核心。在高中教学中,化学知识的传授固然重要,但从学生的认知发展考虑,教会学生学习方法更为关键,即从知识本位的教学转向素养本位的教学更为重要。以下是实验探究所需建立的一般思维模型,如图 2。

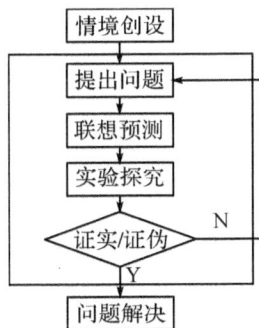

图 2 实验探究一般思维模型

其中"情境"要服务于"问题"的提出,"模型"应来源于"知识的应用"。准确把握"情境""问题""知识""模型"的定位及相互联系,才能使学生达到在解决问题中逐渐发展化学核心素养的目的。

二、基于化学学科核心素养的实验探究实践

针对教材实验的不足,笔者通过对实验的定性改进、定量改进、数字化实验探究引导学生对碳酸钠与盐酸反应的机理进行深入探究,以下是课堂实践过程。

1.情境创设,提出问题

情境是"汤",知识是"盐",盐只有溶于汤才好入口,知识只有融入情境才好理解消化。[2]情境应成为学生的思维发生处、知识形成处、能力成长处,情境是知识通向素养的必然要求。

本环节中,设计一组对比实验[3],实验中盐酸与碳酸钠溶液浓度均为 1 mol/L,实验 1 是盐酸中滴几滴 Na_2CO_3 溶液,如图 3。实验 2 是 Na_2CO_3 溶液中滴几滴盐酸,如图 4。

图 3　盐酸中滴入碳酸钠溶液　　　图 4　碳酸钠溶液中滴入盐酸

通过观察发现:实验 1 中立即产生大量的气泡,实验 2 中却没有立即产生大量气泡。学生产生疑问:实验 2 中出现的现象与初中所学知识不同,是什么原因呢?

设计意图:相同的试剂,因滴加顺序不同而产生了不同的现象,引发学生的认知冲突,激发学生的探究欲望。

2.宏微分析,改进实验

本环节中,先设计两个问题:如何证明实验 2 中盐酸与碳酸钠已经反应? 为什么开始没有大量气泡产生?

通过问题,引导学生对实验现象进行分析,预测异常现象出现的可能原因:有新物质生成;反应是分步的。然后通过设计实验进行验证。

设计意图:通过"问题→推理→假设→验证"的探究过程,为高一学生建构科

学探究的模型,为高中化学学习奠定知识基础,提供学习方法。

(1)定性探究。

为了能观察到"分步"现象,首先将教材实验做以下四点改进——定性改进,用稀盐酸代替浓盐酸,使用磁力搅拌器,分液漏斗代替滴管,向碳酸钠溶液中滴入酚酞,如图5。

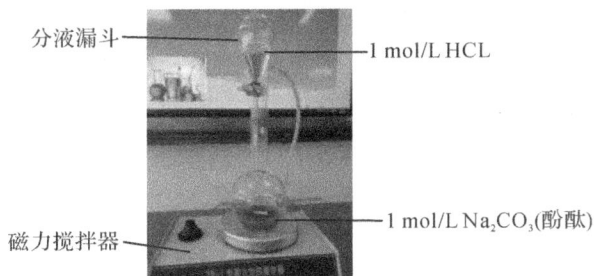

图 5　定性改进

通过实验探究,发现反应分两个阶段。第一阶段:溶液颜色变浅,但是没有气泡产生,颜色变浅说明反应已经发生,但是没有气泡(二氧化碳)生成,应该另有新物质生成;第二阶段:产生大量的气泡。

探究结论:碳酸钠与盐酸反应是分步的,且第一步反应有新物质生成。

实验创新亮点 1:

①用稀盐酸代替浓盐酸、磁力搅拌器搅拌可以防止因盐酸局部浓度过高而产生气泡,干扰实验分析、推理。

②用分液漏斗代替滴管,具有足够的容积存放稀盐酸,并使操作更加简便。

③用酚酞指示,使两个阶段分界明显,现象直观,并说明第一阶段碳酸钠与盐酸发生了反应。

设计意图:通过对教材实验的四点改进,让学生从宏观上辨识反应过程,由现象分析反应过程,了解分步反应的特征,为后面的定量探究和微观探究奠定基础。

(2)定量探究。

定性探究说明反应是分步的,但不能确定两步反应中反应物量比关系,于是对实验进一步改进——定量改进,用带刻度的恒压滴液漏斗代替分液漏斗,气球收集气体,碳酸钠溶液定量 10 mL,如图6。

通过实验探究,发现当滴入 10 mL 盐酸时,溶液颜色变浅,气球仍是瘪的,此时盐酸与碳酸钠的物质的量比为 1∶1。继续滴加盐酸,产生大量气泡,气球鼓起,当滴入盐酸 20 mL 时,气泡不再产生。

探究结论:碳酸钠与盐酸反应是分步的,第一步碳酸钠与盐酸 1:1 反应,且两步反应消耗盐酸的量相等。

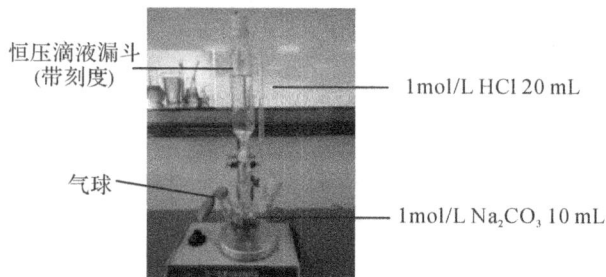

恒压滴液漏斗
(带刻度)

1mol/L HCl 20 mL

气球

1mol/L Na₂CO₃ 10 mL

图 6　定量改进

实验创新亮点 2:

①用气球收集气体,可以直观判断产生气体的节点。

②恒压滴液漏斗的使用,有利于液体顺利流下,可以避免因液体加入而引起的体积误差,所带刻度可以直观地判断反应物间量比关系。

设计意图:通过对实验的定量改进,让学生从宏观上辨识反应过程的定量关系,培养学生从量变到质变的辩证思维。为后面新物质的成分探究和分步反应机理模型构建做好铺垫。

(3)数字化探究。

通过定性、定量探究,学生已经确定碳酸钠与盐酸发生分步反应,且每一步都有定量关系。那么第一步生成的新物质是什么?

$$Na_2CO_3 + HCl \rightarrow \quad ?$$

1　:　　1

为了探究新物质的成分,对实验进一步改进——数字化实验改进,使用 pH 传感器和二氧化碳浓度传感器,如图 7。

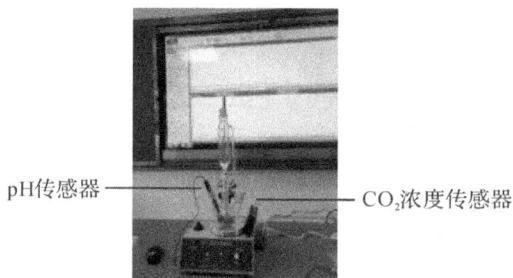

pH传感器

CO₂浓度传感器

图 7　数字化实验探究

　　通过数字化实验探究,获得实验曲线图,如图8、图9。通过对图8反应过程中 CO_2 浓度与 pH 变化关系分析,发现当二氧化碳开始产生时,所对应的溶液 pH 值为 8.2 左右,与 1mol/L 碳酸氢钠溶液 pH 相符,由此可得出结论:碳酸钠与盐酸反应第一步产物为 $NaHCO_3$。

　　通过对图9反应过程 pH 变化曲线分析可知,碳酸钠溶液中滴加盐酸,碳酸钠先转化成碳酸氢钠,碳酸氢钠再转化成二氧化碳和氯化钠。

　　即:碳酸钠与盐酸分步反应

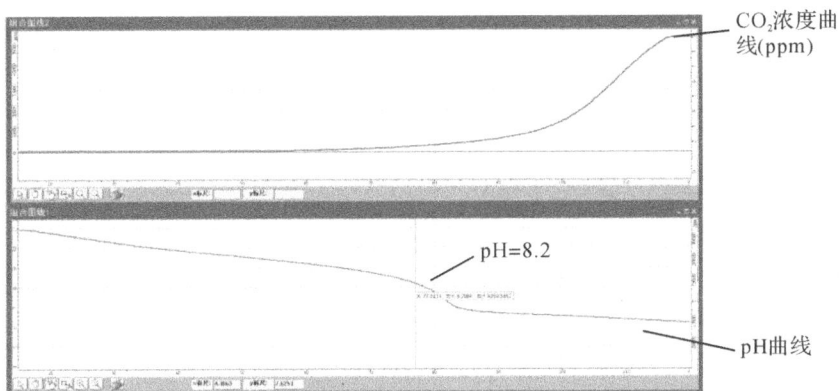

　　第一步: $Na_2CO_3 + HCl = NaHCO_3 + NaCl$

　　第二步: $NaHCO_3 + HCl = NaCl + CO_2\uparrow + H_2O$

图8　反应过程中 CO_2 浓度与 pH 变化关系(部分)

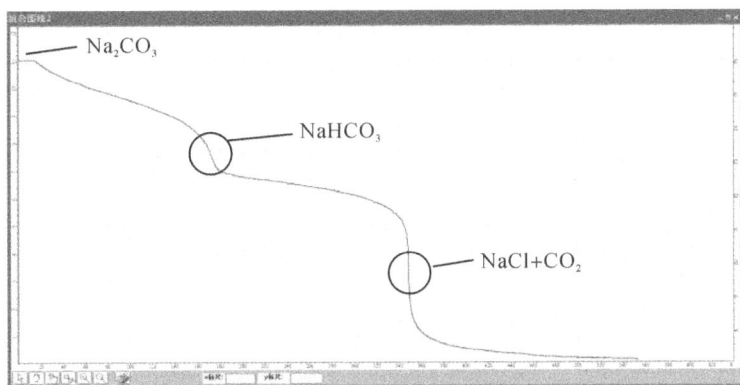

图9　反应过程 pH 变化曲线

实验创新亮点 3:pH 传感器和二氧化碳浓度传感器的使用,使实验演示更加直观、准确、高效,让学生"看到"了微观反应的发生。

设计意图:通过数字化实验的真实数据演绎,让学生体验微观探析反应原理的过程,促进学生对反应原理的深度认知,提升学生分析推理能力。

三、教学反思

1.有价值的情境创设

学生原有知识和经验是教学活动的起点,本节课的情境创设基于学生已有的认知,充分挖掘和利用学生的已有经验,有效地引发学生的思考。体现学科特色,紧扣教学内容,凸显学习重点。

2.递进式实验创新

实验探究过程中,通过新增实验和改进实验,创设递进式的实验情境,引导学生对实验进行定性→定量→数字化逐步探究,从科学探究到实验创新,从宏观辨识到微观探析,从证据推理到模型认知,层层深入,逐步探究反应原理,落实教学重点,突破教学难点,增强学生对科学知识的感性认知和探究性体验,使核心素养真正有效落地。

3."四重表征"深化认知

实验探究过程融入"四重表征"的教学策略(见图 10)。

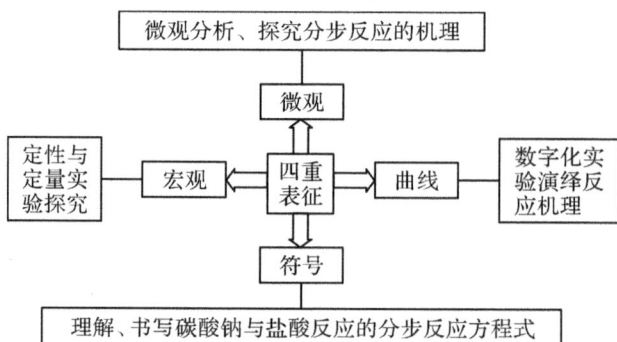

图 10　"四重表征"与实验探究过程融合

首先通过对比实验创设问题情境,然后通过宏观现象观察,预测微观反应机理,并用定性、定量和数字化手段进行微观探析反应机理,从而促使学生理解并书写化学反应方程式。"四重表征"环环相扣,形成统一整体,完善学生的知识体系,构建完整的知识网络。

参考文献

[1] 王祖浩.普通高中课程标准实验教科书·化学1(必修)[M].南京:江苏教育出版社,2014:50-51.

[2] 余文森.核心素养导向的课堂教学[M].上海:上海教育出版社,2017:191.

[3] 伍强.碳酸钠溶液与稀盐酸反应实验探究[J].化学教学,2014(9):57.

(发表于《新课程导学》2019年第9期)

空气中加热金属钠的演示实验改进及思考

【摘　要】演示实验是化学课堂教学中最常用的教学辅助手段。教学实际中，有一些演示实验会出现与理论预想不一致的实验现象和结果。如何改进这些演示实验，使其成功演示，更好地服务于课堂教学，从而促进学生化学核心素养的养成。结合教学实际，以空气中加热金属钠演示实验为例进行改进，并从教学理念、教学方法、教学设施三个方面进行了教学反思。

【关键词】演示实验；实验改进；核心素养

教育部将核心素养的内涵界定为"学生应具备的适应终身发展和社会发展需要的必备品格和关键能力"[1]。高中化学学科核心素养主要涉及"宏观辨识与微观探析""变化观念与平衡思想""证据推理与模型认知""科学探究与创新意识"和"科学态度与社会责任"等五个方面内容，而且这五个方面都可以通过实验教学来培养。《普通高中化学课程标准（2017年版）》认为，化学实验有助于激发学生学习化学的兴趣，创设生动活泼的教学情境，帮助学生理解和掌握化学知识和技能，启迪学生的科学思维，训练学生的科学方法，培养学生的科学态度和价值观。

化学课堂演示实验是化学课堂教学的重要组成部分，其特点是操作简便，现象明显，具有较强的直观性和示范性，正确、合理地使用演示实验可以使学生比较容易地接受新知识，激发他们的求知欲，显著提高教学效率。[2] 在我们日常教学过程中可能会出现这样的情况，由于学生多，时间有限，演示实验只能照顾到少数学生，有时受限于实验条件、器材、操作等，实验现象与教材描述或理论预期不一致，笔者在教学过程中就曾经遇到过这样的情况，上述情形的发生都会影响演示实验的效果。如何在化学教学中正确、合理地使用演示实验，适当地改进某些演示实验，以真正发挥实验的育人功能，是我们每个化学教学工作者需要思考的问题。本文以空气中加热金属钠为例做以下浅述。

一、课堂教学回顾（问题的提出）

苏教版高中《化学1》第49页的课堂演示实验之一：将一小块金属钠放在石棉网上加热，观察现象。笔者认真地按步骤完成了此实验。

用镊子取出一小块金属钠→用滤纸吸干表面煤油→在玻璃片上用小刀切除钠块的表层→用镊子将钠块放置在石棉网上→用酒精灯加热→观察实验现象。实验现象是：金属钠在空气中燃烧，产生黄色火焰，在石棉网上得到黑色物质（见图1）。

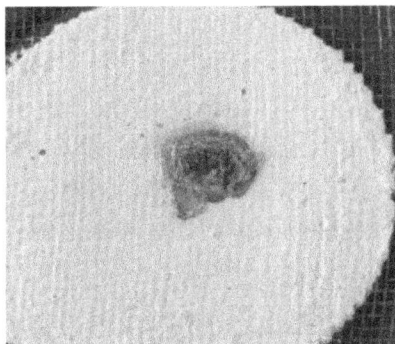

图1　金属钠在石棉网上燃烧后的产物

二、实验原理阐述

安排这个实验的目的是让学生观察到金属钠在空气中燃烧，生成淡黄色的过氧化钠，与钠在空气中自然放置，氧化生成白色的氧化钠进行比较。教材第50页对于实验现象也是这样描述的。笔者在课堂上也是严格按照课本的操作完成这个实验的，但结果是根本看不到淡黄色固体。

三、实验结果分析

在高中化学的演示实验中，本实验操作上是比较简单的，所用的实验用品也是很常见的：金属钠、小刀、玻璃片、石棉网、三脚架、酒精灯、火柴、滤纸。课后，回到办公室，翻开教材，仔细端详着书上的这段文字：将一小块金属钠放在石棉网上加热，观察现象。

到底是什么原因得不到淡黄色的过氧化钠呢？原因有以下几种可能：金属钠表面煤油没有吸拭干净；金属钠表层没有切除干净；小刀或玻璃片表面有污物；石棉网中的某些物质引起的；加热过程中，钠与空气中的二氧化碳发生了置换反应；等等。

查询了相关资料并不断地进行实验，最终得出结论：在石棉网上加热钠，几乎都看不到淡黄色的固体，个别时候可以看到黑色固体表面有少许淡黄色固体，但不明显。

四、实验改进策略

如何改进该实验呢？既然问题出在石棉网，那么，可以用什么器材来代替石棉网呢？功夫不负有心人，多次实验后，笔者总结出了两套改进的实验方案与操作，并且都取得了成功，学生也都看到了金属钠在空气中加热后生成的淡黄色固体——Na_2O_2。两种改进后的实验操作为：

方法1：用铝片代替石棉网，用镊子取出一小块金属钠，用滤纸吸干表面煤油，并将钠的表层切除，放在铝片中央的凹陷处，加热铝片，如图2—图4所示。

说明：放置钠的位置，要弄一个凹陷才行，以免加热时金属钠熔化而四处流淌。

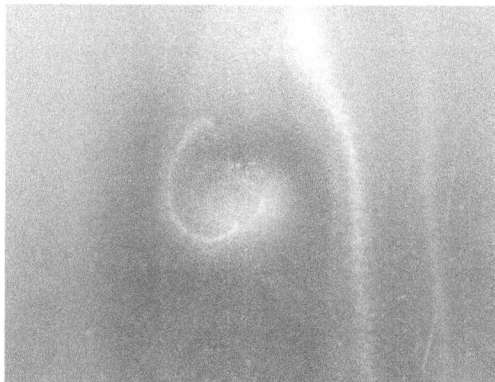

图2　中心处弄凹的铝片

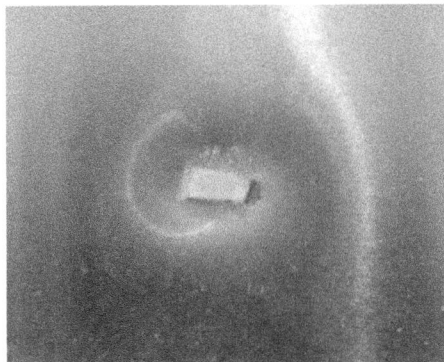

图 3　金属钠放置在铝片中心

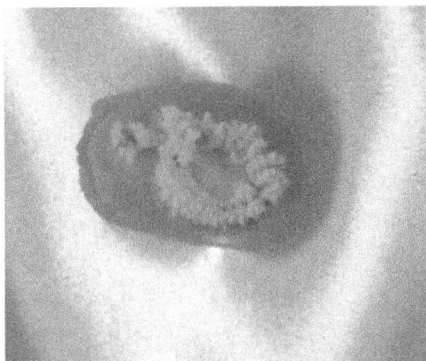

图 4　加热后生成的淡黄色固体 Na_2O_2

方法 2：用硬质玻璃管代替石棉网，其余操作相同，加热放有金属钠的玻璃管，如图 5、图 6 所示。

图 5　金属钠放置在硬质玻璃管中加热

图 6　加热后生成的淡黄色固体 Na_2O_2

五、教学反思与启示

经过努力，笔者没有让学生失望。他们看到了本应该看到的实验现象，学习到了本应学习到的知识。最欣慰的是没有辜负"新课改"对我们教师的期望。经过实验改进，发挥了演示实验在化学课堂教学中应有的育人功能。通过这个案例，对于高中化学课堂演示实验的改进与创新，笔者得到了以下启示和收获。

1. 更新教学理念，优化教学方案

一直以来，在化学实验尤其是在一些传统的实验体系中，有时候广大教育者墨守成规,不能很好地更新教学理念,致使知识传播没有创新。为了确保实验的成功和创新,在制订教学方案时就要立足于实验方式方法的改进。有好的教师,才有好的教育。学科教师是学科核心素养形成的主要条件,教师教学理念的更新,教学方案的改进,学科素养的提升会极大地促进学生学科核心素养的养成。

2. 创新教学方法,改进教学方式

轻负高质的教学是教师永恒的追求,创新高中化学的方式方法,这一点对于推进高中化学教学是至关重要的。对化学课而言,作为一门以实验为基础的学科,实验有着举足轻重的作用。直观的实验现象不但能够激发学生的学习热情,更能培养学生细致的观察能力和勇于探索的科学精神。但是,就像前面提到的这节课,从实验现象角度来讲,是一次失败的演示实验,教师的解释更显得苍白无力。给学生带来的一种感觉就是:实验成功与否是无所谓的,反正老师有各种各样的理由来解释。久而久之,学生对化学实验、化学的学习会失去兴致,变主动学习为被动接受,"高质的课"变成"低效的课"。作为教师,不要固守自己传统的或者原有的教育教学方法,而是要在教学实践中不断总结、积累、创新。创设学科活动,因为学科活动是学科核心素养形成的主要路径。充分利用现代信息技术手段,改进教学方式,使课堂教学富有时代气息。如今的学生都有着属于这一时代的新观念、新思维,所以高中化学也要推陈出新。

3. 更新实验设施,提升教学硬件

随着国家对教育投资力度的不断加大,学校教学的配套设施越来越完善,教师应该充分利用这一有利条件,及时淘汰一些老、旧、陈、破的实验仪器,有规划地更新教学设施设备,提升教学效率。化学课堂上,有些演示实验,分组进行不现实,演示实验时,坐在后面的学生往往又看不清楚,效果不是很好。如果通过实物投影仪,将实验现象转投到大屏幕上,教学效果将大大增强。例如,金属钠与水反应的演示实验就可以在实物投影仪上操作完成,学生对其中的"浮""熔""游""红"等实验现象,一览无余,效果非常好,印象也很深刻。

2014年3月,教育部颁布的《关于全面深化课程改革落实立德树人根本任务的意见》中明确提出,将"发展学生核心素养体系"的研制与构建作为深化课程改革的关键环节。化学实验是培养学生化学核心素养的关键所在,演示实验是化学实验的"浓缩与精华",对演示实验的适当改进,毋庸置疑,是高中化学教学改革推进的必然结果。[3]随着时代的发展,高中化学演示实验将变得更加健全、更加创新,更加有利于教学,让广大高中生在高中化学的演示实验中,总结出更多的知识、创新出更多的理念,发展学生的化学学科核心素养,让学生获取更多的成功。

参考文献

[1] 余文森.核心素养导向的课堂教学[M].上海:上海教育出版社,2017:14.

[2] 沈戬,李春辉.高中化学微型实验[M].广州:暨南大学出版社,2014:8.

[3] 吴星.对高中化学核心素养的认识[J].化学教学,2017(5):3.

(发表于《中学化学教学参考》2019 年第 3 期)

第二章
装置创新

　　装置也称设备,可以是机械、工具、仪器、器具等。化学实验装置,顾名思义,就是完成某个化学实验将所需仪器组合而成的一套设备。教材中部分实验的装置虽经典,但存在着反应不充分、现象不明显、制备效果差、污染环境、药品用量多等缺点,为更好地完成课堂实验教学,发挥实验的育人功能,需要对教材实验装置进行改进与创新。装置创新类实验聚焦装置设计的封闭性、简约性和一体化,减少实验对环境的影响,体现化学实验的生活化、趣味化、绿色化和微型化等特点。如甲烷和氯气的反应装置改进,彰显着化学研究者的环保意识和人文情怀;用暖宝宝和可乐瓶组合的油脂皂化反应装置,揭示了化学源于生活而服务于生活的真谛;从龙卷风的启示到钠的焰色反应装置设计,反映出设计者痴迷实验探究的赤子之心,体现着STEM教育的思想等。本章将带你领略创新的魅力,感受装置改进的乐趣!

火柴头中硫、氯元素检验装置的创新设计

【摘　要】分析苏教版《实验化学》教材中给出的火柴头中硫元素检验的两种方案缺陷的基础上,查阅了一线教师对此实验改进的已有研究成果,立足装置的便捷、药品的节约、产物的检验、尾气的处理、装置的多用等视角剖析装置设计的优点,为学生敢于质疑教材实验装置,改进优化实验,促进学生素养的发展创造了空间。

【关键词】硫、氯元素检验;实验改进

"化学实验是进行科学探究的重要方式,学生具备基本的化学实验技能是学习化学和进行探究活动的基础和保证。"[1]教师积极探索课本实验的改进与创新,可以为学生提供多种形式的实验体验,让学生动手动脑,乐于探究,勤于反思,促进学生学科素养的发展。

一、装置设计的缘起

1.教材中实验装置

苏教版《实验化学》教材第33—34页指出了火柴头中硫元素的检验方法。

【方案1】取两只洁净的 50 mL 的小烧杯,标记为甲、乙,在乙烧杯中加入 10 mL 浅红色 0.0005 mol·L^{-1}酸性 KMnO$_4$溶液。将两根火柴伸入甲烧杯里,再用一根燃着的火柴点燃火柴头(图1),待火柴头烧完即将火柴移出,迅速将甲烧杯罩在乙烧杯上,轻轻振荡乙烧杯。

【方案2】用刀片削下几根火柴的火柴头,放入一支中号试管内,用酒精灯加热该试管底部引燃"火药",塞上橡皮塞。待

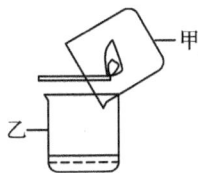

图 1　检验 SO$_2$ 的
实验装置

试管冷却后加入 2—3 mL 水,塞上橡皮塞,振荡片刻。用滴管取出该试管中的溶液约 1 mL,滴入另一支盛有约 2 mL 浅红色 0.0005 mol·L⁻¹ KMnO₄ 酸性溶液的试管中,振荡后可观察 KMnO₄ 溶液是否褪色。

若按教材上提供的两种方案进行火柴头中硫元素的检验,【方案 1】至少需要两个人同时操作,而且点燃时 SO₂ 气体逸出会污染空气。【方案 2】中火柴头加多了有可能会爆炸,且需要等试管冷却后才能加水,所需时间比较长且步骤相对烦琐,不适宜在课堂上演示。

2. 一线教师的已有研究

许多一线教师勇于实践,积极探索,对"火柴头中硫元素检验"的实验装置进行了新的设计与改进,较多的教师采用了下面的图 2[2] 和图 3[3] 装置。

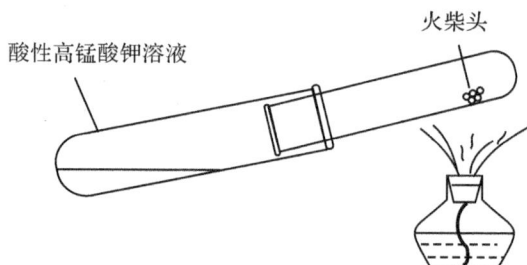

图 2 检验 SO₂ 的实验装置

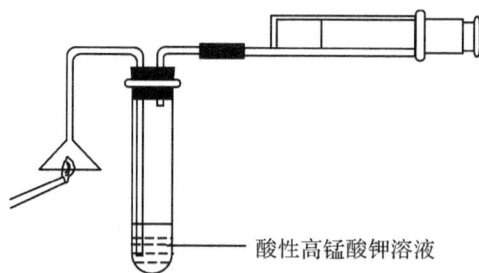

图 3 检验 SO₂ 的实验装置

图 2 装置比教材中的【方案 2】在操作上简便了一些。

图 3 装置类似于《实验化学》中新装修居室内空气中甲醛浓度的检测装置,能使学生进行知识迁移,同时能培养学生的合作意识。

3. 装置设计的发展空间

上述创新中的图 2 和图 3 装置为后续研究提供了宝贵的学习经验和借鉴资

源。同时也给"火柴头中硫元素检验装置"的改进研究留下了一定的发展空间。

（1）图2和图3装置都不可避免地会有SO_2逸出，对环境造成一定的污染。

（2）图2装置在搭建上存在一定的空间位阻。实际操作中，左侧可用铁架台固定，右侧可用试管夹夹住，这样可适当减少装置搭建的位阻。

（3）图3装置对气密性的要求很高，针筒抽气不能太用力，且要两人同时操作。

二、实验装置的新设计

1. 二氧化硫的检验

笔者参考了同行教师的研究成果，考虑到火柴燃烧产生的SO_2会往外逸，故设想在小试管的上方检验SO_2。在试管上方检验SO_2，需要有粘在试管上方且能吸附少量稀的酸性$KMnO_4$溶液的载体，显然滤纸是不错的选择。吸收多余的SO_2可在试管口塞上浸有$NaOH$溶液的脱脂棉，脱脂棉比较疏松同时有利于气体的逸出，从而可避免试管内部压强过大。

2. 氯离子的检验

火柴头完全燃烧后，氯化钾残留在火柴头上，故用一根铁丝缠绕于火柴梗上，实验结束后移动铁丝，使氯化钾和试管底部的少量硝酸银溶液接触产生白色沉淀。

3. 改进后的实验装置

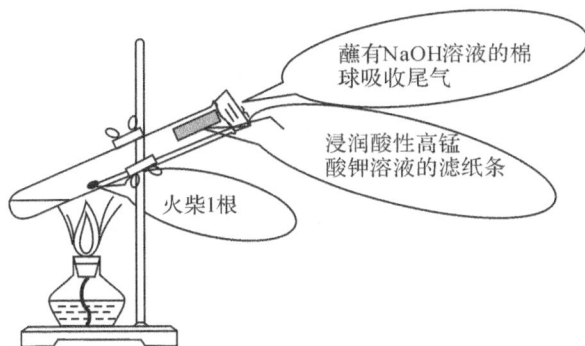

图4 火柴头中硫元素、氯元素检验的实验装置

三、实验操作步骤及现象

1. 试剂的加入

向干燥的小试管内注入 2 mL 左右的硝酸酸化的 0.1 mol·L^{-1} 的 AgNO$_3$ 溶液，使其开口向上倾斜 30°左右，并固定于铁架台上。用一根较长的铁丝缠绕在火柴梗上，将火柴头固定于 AgNO$_3$ 溶液上方 1—2cm 处。在距离试管口 1cm 左右的位置放一片 0.0005 mol·L^{-1} 酸性 KMnO$_4$ 溶液浸湿的滤纸，在试管口放上浸有 5% NaOH 溶液的脱脂棉。

2. 二氧化硫的检验

用酒精灯加热火柴头所处的位置，火柴点燃后，迅速移走酒精灯。发现火柴燃烧至熄灭的过程中，淡红色的滤纸片由下而上迅速褪色。图 5 为实验开始前滤纸的颜色，图 6 为实验结束后滤纸的颜色。

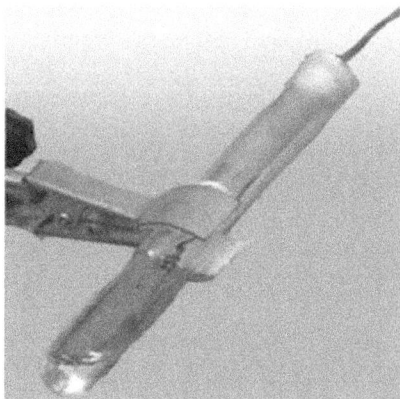

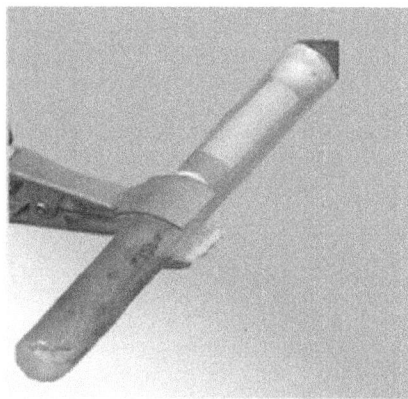

图 5　实验前滤纸的颜色　　　　图 6　实验结束后滤纸的颜色

3. 氯离子的检验

火柴燃烧完毕待试管冷却至室温后，移动铁丝将燃烧后的火柴头伸入硝酸银溶液中，发现溶液的底部有少量白色沉淀，大部分的白色沉淀留在火柴头上。

四、实验改进后的优点

1.合二为一,彰显效率

《实验化学》教材中先检验火柴头燃烧产生的 SO_2,而后将燃尽的火柴头浸入蒸馏水,用酸化的硝酸银检验 Cl^-。通过改进,两个实验在一个装置中完成,组合巧妙,可操作性强,同时提高了演示实验的课堂效率。化学核心素养的证据推理、科学探究与创新意识在实验中得到了完美体现。

2.节约试剂,绿色环保

按照《实验化学》教材的方案设计,至少要用 3 根火柴,本实验只用 1 根。酸性 $KMnO_4$ 溶液在【方案 1】用 10 mL 1 次,【方案 2】用 2 mL 1 次,本实验用滤纸条浸润,用量大大减少。吸收尾气的 NaOH 溶液滴在脱脂棉上,用量也少,且可避免刺激性的 SO_2 逸到空气中。本实验在用量和环保两个维度上将化学核心素养的科学态度与社会责任体现于具体的课堂中。

3.激发兴趣,学会学习

本实验改进后,可操作性强,演示时间短,现象明显,绿色环保。教师对教材实验改进的勇气,会激发学生产生较强的问题意识,并根据问题提出合理的实验设计方案,在完成实验,基于实验得出结论的过程中强化自身的学习能力,这是核心素养提倡下的一种良好的课堂模式。

五、实验改进后的反思

我国著名的物理化学家傅鹰院士曾说过:"没有感性的知识,理论的知识从何而来? 没有理论,实验就可能变成盲动,劳而无功,进步迟缓,或根本不能进步。但是无论如何,理论——即使是最好的理论也不能代替实验。"[4] 在本次实验的改进过程中,笔者深深地体会到在以后的课堂教学中要注重以下两个环节。

1.让实验成为课堂教学的核心内容之一

实验是激发学生学习化学兴趣的一种良好途径,实验有着理论无法代替的显著功能。教师在怎样设计实验,如何操作实验,怎么解决实验设计带来的问题等多个环节的教学过程中,会潜移默化地培养学生的问题意识,并能基于问题设计实验探究方案,然后通过实验收集证据得出合理结论。若设计的实验不能完美解决问题,那么又会在新一轮的设计环节中不断强化解决问题等多种能力,更重要的是培养了学生学会学习的本领。[5]

2.让改进实验的过程成为课堂的一种常态

学科核心素养不可能凭空形成,学科知识是学科核心素养形成的主要载体,什么样的学科知识,或者说怎么选择、组织、设计学科知识,才有利于学科核心素养的形成?[5]若教师常常直接演示改进好的实验,会使学生处于一种安逸状态,长期下去,学生就会在你的课堂缺少探究的勇气,甚至迷失学习的方向。若教师将整个实验实施过程中遇到的挫折和失败,通过什么方式解决这些挫折和失败等多个有意义的环节展现于课堂,那么在教师长期的引导下,学生科学探究与创新意识等化学学科核心素养就会潜移默化地形成。

参考文献

[1] 中华人民共和国教育部.义务教育化学课程标准[S].北京:北京师范大学出版社,2012:5.

[2] 马逸群.加热试管中的火柴头实验改进[J].教学仪器与实验,2010(10):28.

[3] 陆燕海,林肃浩.检验火柴头中硫元素的几套微量化实验改进方案[J].化学教育,2011(5):58.

[4] 郭丽萍.依托实验载体　培养学生科学思维[J].中学化学教学参考,2012(7):33-35.

[5] 余文森.核心素养导向的课堂教学[M].上海:上海教育出版社,2017:55.

（发表于《实验教学与仪器》2019 年第 3 期）

钠在空气中燃烧实验的研究与改进

【摘　要】针对苏教版教材中金属钠在石棉网上燃烧观察不到淡黄色固体这一现象,在探寻其可能的影响因素时,发现石棉网中棉布的炭化是钠燃烧后产生黑斑的主要原因,可据此对该实验进行改进。在实验改进的基础上,针对该实验设计一套绿色环保的化学实验装置。

【关键词】钠;燃烧实验;研究与改进

一、问题的提出

高中化学苏教版《化学 1》专题 2 第二单元"钠、镁及其化合物"的"观察与思考"栏目中有一个钠燃烧的性质实验,教材内容描述:"将一小块金属钠放在石棉网上加热,观察现象。"[1]教材中有相应的文字描述:"金属钠露置在空气中与氧气反应,生成白色的氧化钠;钠在空气中燃烧,生成淡黄色的过氧化钠。因此,实验室常将钠保存在煤油中。"[2]

按教材操作,每次实验时能看到钠受热后快速燃烧,燃烧后在石棉网上却看不到应该有的淡黄色产物(过氧化钠),只见石棉网上一小片黑斑(见图 1)。

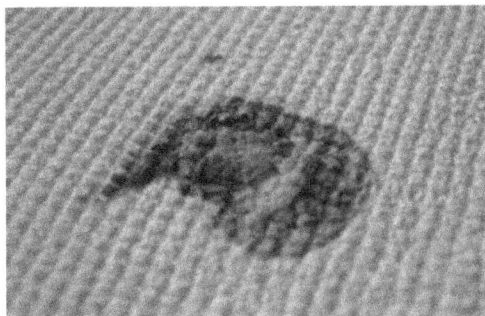

图 1　钠在石棉网上燃烧

针对这一情况,笔者尝试从以下三个方面展开探究:一是尝试用其他实验载体代替石棉网进行实验;二是分析及实验研究石棉网上黑色物质形成的原因;三是设计一套操作简便、绿色环保的钠燃烧实验装置。

二、实验原理

$$2Na + O_2 \xrightarrow{\text{点燃}} Na_2O_2$$

三、实验仪器与药品

$\varphi15\ mm\times80\ mm$ 的玻璃管、镊子、滤纸、小刀、蒸发皿、酒精灯、$6\ cm\times6\ cm$ 的铝片、三脚架、石棉网、石棉绒、气唧、气球若干、破损小试管若干、金属钠。

四、实验改进

1.实验载体的改进

(1)玻璃载体。

步骤:

①截取一段 $\varphi15\ mm\times80\ mm$ 的玻璃管。

②用小刀切一小块金属钠,再切去表皮,用滤纸(最好用餐巾纸)充分吸干煤油。

③用镊子将钠放在玻璃管中部。

④用试管夹夹住玻璃管,对准酒精灯外焰,加热玻璃管放钠部位,至金属钠熔融后,移开酒精灯。

⑤将玻璃管适度倾斜,以使玻璃管内空气流通,保证钠的燃烧有足够的氧气。

现象:产生淡黄色固体,呈菜花状。(见图2)

优点:操作简单,现象明显。

缺点:玻璃管容易破裂。

图 2　钠在玻璃管中燃烧

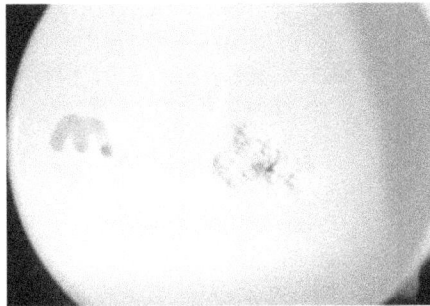

图 3　钠在蒸发皿中燃烧

（2）陶瓷载体。

步骤：

①将泥三角放置在三脚架上，再将蒸发皿（或坩埚）放在泥三角上。

②用小刀切一小块金属钠，再切去表皮，用滤纸（最好用餐巾纸）充分吸干煤油。

③用镊子将钠放在蒸发皿内。

④用酒精灯外焰加热蒸发皿放钠部位，至金属钠熔融后，移开酒精灯，停止加热。

现象：产生淡黄色固体，呈菜花状。（见图 3）

优点：操作简单，现象明显。

缺点：蒸发皿或坩埚由于受热不均也容易破裂，且大量白烟会扩散到空气中。

（3）金属载体。

步骤：

①用剪刀剪一块 6 cm×6 cm 的铝片，四边向上翻折，做成一个铝制小容器。将石棉网放在三脚架上，将做好的铝制小容器放置在石棉网中央。

②用小刀切一小块金属钠，再切去表皮，用滤纸充分吸干煤油。

③用镊子将钠放在铝制小容器中部。

④点燃酒精灯，用外焰对准放钠部位进行加热，至金属钠熔融后，移开酒精灯，停止加热。

现象：产生淡黄色固体，呈菜花状。（见图 4）

优点：操作简单，现象明显。

缺点：铝片容易被烧穿，大量白烟仍会扩散到空气中。

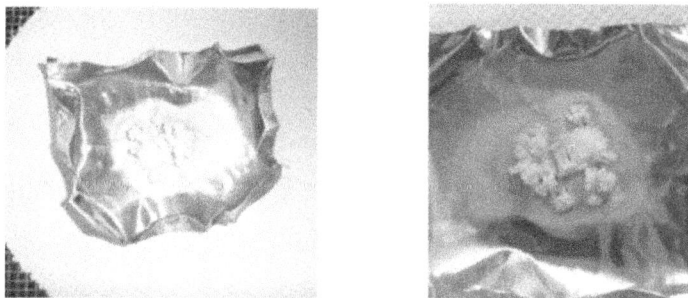

图4　钠在铝片中燃烧

通过反复多次的实验载体效果实验，结果表明：在玻璃管、蒸发皿、铝片上进行钠在空气中的燃烧实验，钠燃烧结束后都出现了明显的淡黄色产物，外形呈菜花状，实验比较容易成功。而按照教科书上的实验操作，在石棉网上进行钠在空气中的燃烧实验，钠燃烧结束后，基本只能在石棉网上看到一片黑斑，几乎观察不到有淡黄色物质，更没有菜花形状。推测可能有其他物质参与反应，比如酒精灯的影响（如酒精及其燃烧产物二氧化碳和水蒸气），或是石棉网的影响（铁丝及石棉），所以才达不到预想的实验效果。下一步继续探究石棉网上黑斑的成因。

2.黑斑成因的探究

通过反复在石棉网上进行钠在空气中燃烧的实验，猜测实验过程中主要的影响因素有如下几个方面：

（1）金属钠物质本身的问题。

（2）金属钠上吸附的煤油没有充分吸干。

（3）空气中存在物质的影响。

（4）酒精灯的影响（如酒精及其燃烧产物二氧化碳和水蒸气）。

（5）石棉网的影响（铁丝及石棉）。

针对以上诸因素，结合之前实验载体效果实验的结果，设计了各种因素的单一实验进行探究。通过系列对比实验，基本排除了前三种因素的影响。对于第四点，实验表明酒精燃烧产物对钠燃烧的干扰还是比较大的，会形成大量黑色物质，且主要成分为还原产生的单质碳。为了排除这个因素，设计了隔离酒精燃烧产物进行钠在空气中燃烧的实验，即在酒精灯与石棉网之间加了块金属铝片进行隔离，实验结果如图5。

可见，钠燃烧结束后留在石棉网上的仍是黑斑，并不见淡黄色产物（见左侧图）。而垫在石棉网下面的铝片被烧穿（见右侧图）。由此，第五点石棉网是导致

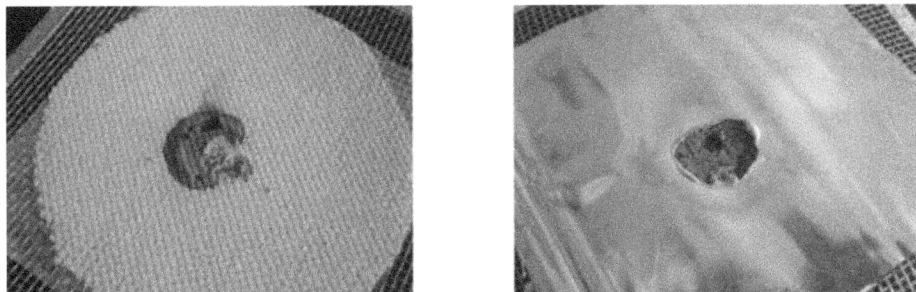

图5 钠在垫有铝片的石棉网上燃烧

钠在空气中燃烧后观察不到淡黄色产物的主要原因。

查阅石棉网的构造可知,石棉网是由铁丝网及石棉水浸泡后晾干的棉布构成的。石棉不是可燃性物质,通常情况下经石棉水浸泡的棉布也难以燃烧。针对这点,用石棉绒进行实验。

操作:将切去表皮、吸干煤油的小块钠放在石棉绒上,置于蒸发皿中,加热。

现象:钠燃烧时将难以燃烧的石棉绒烧穿,燃烧产物看不到淡黄色物质,只有黑色物质。(如图6)

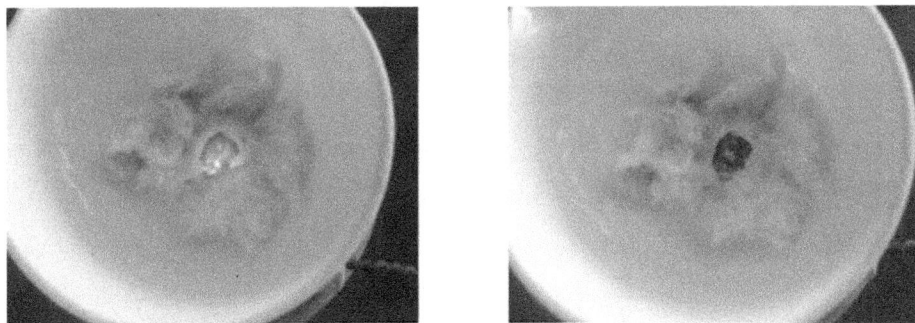

图6 钠在石棉绒上燃烧

补充实验:为了排除石棉网上铁丝网的影响,在铁片上进行了钠在空气中燃烧的补充实验,钠燃烧完后仍出现了明显的菜花状淡黄色物质。

结论:石棉是干扰钠在空气中的燃烧实验现象的主要原因。

解释:钠的熔点为97.81℃,受热熔融后渗入石棉网内开始燃烧,产生的高温直接将经石棉水浸泡过的棉纤维炭化,所形成的黑色物质覆盖了钠燃烧的主要产物——淡黄色的过氧化钠,导致实验失败。

3.环保装置的设计

鉴于钠在空气中燃烧会产生大量的白烟,对实验操作者和环境均有不良影响,对钠燃烧实验反应装置进行绿色改进。设计基本思路为:整个装置具有一定的密闭性,能将白烟内部收纳;能提供充足的钠燃烧所需的空气。环保实验装置要解决两个问题,一个是实验载体,另一个是空气补充。

针对实验载体,选用大硬质玻璃管内套小玻璃管。钠燃烧时产生的高温容易损坏玻璃管,将钠放在小玻璃管中,然后再放入大硬质玻璃管内进行实验,可以使大硬质玻璃管得到保护,还可以重复使用。小玻璃管可以利用破损的玻璃试管,废物利用。

针对空气补充,可利用气球实现。先将两个气球充入大量空气后,用绳扎紧,然后套在硬质玻璃管的两端,再松开绳子。钠燃烧时,通过挤压气球,可以使装置内空气形成对流,保证了钠燃烧所需的空气充足。实验后发现,实验效果达到了,但安装不方便。

进一步改进后,一端仍用气球,但不用先充好气,另一端连接气唧,用气唧鼓气。改进后的装置,安装更方便,但仍存在一个问题,由于气球内被鼓入了大量气体,拆卸装置的时候,气体冲出过程中携带出了较多的白色粉尘,这点没达到实验过程环保的要求。针对这点,笔者尝试了在气唧与硬质玻璃管之间连接洗气装置,试图将粉尘吸收掉,但效果不佳,反而在利用气唧鼓气的时候,将大量水蒸气带入了反应装置内。因而,可用一团棉花堵在管口,不仅实验效果非常好,拆卸装置的时候,气体也不是快速冲出,而是缓慢排出,大量粉尘也都被棉花吸附了。通过以上改进,达到操作简便、绿色环保的目的。改进后的装置如图7。

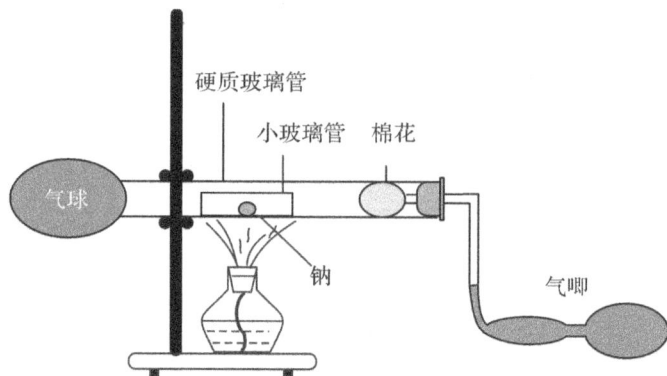

图7 钠在空气中燃烧的环保实验装置示意图

五、教学反思

1.课本实验的改进和创新,是教师专业发展的需要

查阅资料后发现,关于"钠在空气中燃烧实验的改进"在百度学术上能搜索到约 16400 条相关结果,一线教师都在积极改进课堂演示效果,可见原本教材中对该实验的编写确实存在一定的问题。化学是一门以实验为基础的学科,教师在课堂教学中应充分发挥实验的教学功能,实事求是,不断学习,突破课本局限,勇于对教材实验进行改革和创新,提高自身的专业水平。

2.课本实验的改进和创新,是发展核心素养的需要

化学核心素养就是学生在化学课堂、化学实验、化学探究过程中发展起来并在解决与化学相关问题中表现出来的关键素养。课本实验方案并不是唯一方案,通过对课本实验的操作和异常现象的探讨,引导学生设计方案、优化方案,开展研究性学习,从而培养创新思维,提高实验能力。钠在空气中燃烧实验的环保装置的设计,也是树立绿色化学思想,形成环境保护意识的体现。

参考文献

[1][2]王祖浩.普通高中课程标准实验教科书·化学1(必修)[M].南京:江苏教育出版社,2014:49,50.

（发表于《实验教学与仪器》2019 年第 5 期）

甲烷和氯气反应的实验改进

【摘　要】针对甲烷和氯气取代反应装置烦琐、现象不明显的现状，总结已有研究成果中水的存在对油状液体观察有干扰，通过液面升高来证明反应产物中有 HCl 不够严谨，通过浓氨水来检验产物中有 HCl 不够科学等问题，通过用生理盐水袋自制反应器，甲烷和氯气体积比 1∶4,250 W 高压汞灯作为光源，用四氯化碳和硝酸银组合检验产物 HCl 的方法，优化了实验效果。

【关键词】甲烷；取代反应；实验改进；生理盐水袋

一、问题提出

甲烷和氯气的取代反应实验是高中生接触有机化学知识的第一个重要实验，既能让学生了解甲烷的重要化学性质，又利于学生理解取代反应这一典型有机反应的原理。

该反应由于反应物气体制备装置烦琐、光照条件要求苛刻、反应时间不易掌控、现象不明显等因素导致实验成功率不高，因此该实验也成为一线教师研究的焦点。通过中国知网查找发现近 10 年来发表在《化学教育》《化学教学》《中学化学教学参考》等期刊上的相关文章就有 13 篇，主要从装置改进、实验条件优化等方面进行研究[1-3]。而综述以上研究成果发现几个问题：一是采用 U 形管、烧瓶、试管等排饱和食盐水法收集气体后进行实验，这种方法不能避免水的存在对油状液体观察的干扰；二是由于反应体系本身气体体积会减小，且氯气溶于水经光照体积也会减小，通过液面升高来证明反应产物中有 HCl 不够严谨；三是由于浓氨水与氯气反应也有冒白烟现象，通过浓氨水来检验产物中有 HCl 不够科学。

因此，笔者在总结他人已有研究成果的基础上，优选反应条件，改进实验装置，优化产物检验实验设计，探索出一套简单易操作、环保无污染、还能体现反应原理的创新实验方案。

二、实验原理

1. 甲烷制取

将干燥后的 CH_3COONa 与 $NaOH$、$Ca(OH)_2$ 按质量比 $10:5:4$ 混合，研磨成粉末，在大试管中加热制取甲烷，用排水法收集甲烷气体[4]。反应方程式为：

$$CH_3COONa + NaOH \xrightarrow{\triangle} Na_2CO_3 + CH_4 \uparrow$$

2. 氯气制取

用高锰酸钾和浓盐酸在常温下发生反应制备氯气，反应方程式为：

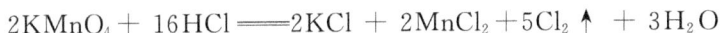

$$2KMnO_4 + 16HCl == 2KCl + 2MnCl_2 + 5Cl_2 \uparrow + 3H_2O$$

3. 甲烷与氯气取代反应

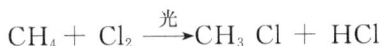

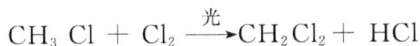

$$CH_4 + Cl_2 \xrightarrow{光} CH_3Cl + HCl$$

$$CH_3Cl + Cl_2 \xrightarrow{光} CH_2Cl_2 + HCl$$

$$CH_2Cl_2 + Cl_2 \xrightarrow{光} CHCl_3 + HCl$$

$$CHCl_3 + Cl_2 \xrightarrow{光} CCl_4 + HCl$$

三、实验仪器与药品

仪器：250 mL 生理盐水袋、青霉素瓶、铁架台、铁夹、250 W 高压汞灯、水槽、酒精灯、集气瓶、大试管、小试管、一次性注射器、分液漏斗、圆底烧瓶、玻璃导管、橡胶管。

药品：无水醋酸钠、氢氧化钠、氢氧化钙、高锰酸钾、浓盐酸、蒸馏水、四氯化碳、硝酸银溶液。

四、实验过程

1. 用品准备

(1)将 250 mL 双头生理盐水袋的其中一个注射胶塞切除,洗净晾干后连橡皮管、止水夹和导管备用。

(2)新制一定量的氯气和甲烷,分别用针筒充入除尽空气的盐水袋中备用。

2. 实验步骤

(1)按图 1 连接装置,检查气密性。

(2)用注射器从生理盐水袋橡胶塞处将袋内的空气抽尽,然后先后再注入 160 mL 新制氯气和 40 mL 甲烷。

(3)将高压汞灯置于反应器外壁 8—10 cm 处,观察现象。

(4)反应停止后,打开止水夹,用手轻轻挤压生理盐水袋,观察现象。

(5)实验结束,将袋中残留气体挤入氢氧化钠溶液进行尾气吸收。

图 1　实验装置图

五、现象与结论

光源照射后观察到盐水袋先迅速胀大,约 5 秒后缩小,袋内黄绿色逐渐褪去,盐水袋内壁上呈雾状。说明甲烷与氯气发生反应,反应过程中体积先增大后减小,有液态物质生成。

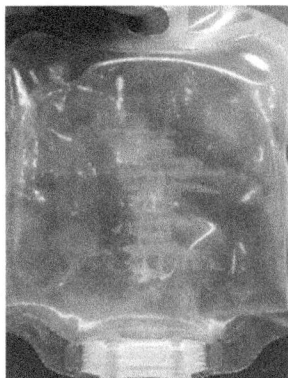

图2 盐水袋内壁呈雾状

反应后打开止水夹,用手轻轻挤压生理盐水袋,观察到装有硝酸银溶液的玻璃瓶中有大量白色沉淀出现。说明反应产物有 HCl。

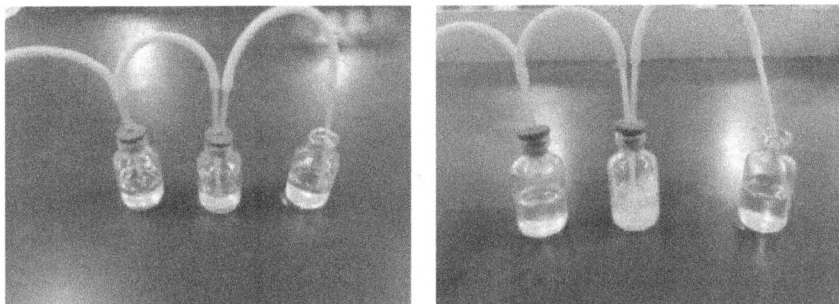

图3 硝酸银溶液实验前后对比

六、问题与讨论

1. 关于反应过程中气体体积变化

甲烷与氯气的混合气体在光照条件下发生取代反应,该反应机理为自由基链反应,主要分为链引发、链增长、链终止三个阶段[5]。

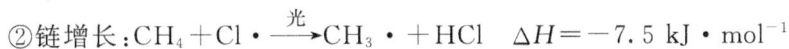

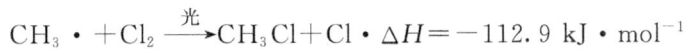

①链引发:$Cl_2 \xrightarrow{\text{光}} 2Cl \cdot \quad \Delta H = +242.5 \text{ kJ} \cdot \text{mol}^{-1}$

②链增长:$CH_4 + Cl \cdot \xrightarrow{\text{光}} CH_3 \cdot + HCl \quad \Delta H = -7.5 \text{ kJ} \cdot \text{mol}^{-1}$

$CH_3 \cdot + Cl_2 \xrightarrow{\text{光}} CH_3Cl + Cl \cdot \quad \Delta H = -112.9 \text{ kJ} \cdot \text{mol}^{-1}$

③链终止:$Cl \cdot + Cl \cdot \longrightarrow Cl_2$

$$CH_3 \cdot + \cdot CH_3 \longrightarrow CH_3CH_3$$

$$CH_3 \cdot + \cdot Cl \longrightarrow CH_3Cl$$

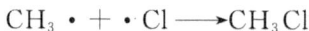

反应引发后进入链增长阶段,链增长阶段反应放热,因此反应初期体积出现膨胀。反应进入链终止阶段,气态物质减少,体积缩小。

2.关于光源的选择

本反应的链引发阶段需要外界提供能量,资料显示,Cl_2 分子的键能为 242.5 $kJ \cdot mol^{-1}$,要使 Cl_2 分子解离成氯游离基,须给予 242.5 $kJ \cdot mol^{-1}$ 的能量。波长为 400 nm 的可见光,其能量为 298.9 $kJ \cdot mol^{-1}$,波长为 300 nm 的紫外光,其能量为 398.35 $kJ \cdot mol^{-1}$,能满足该反应的能量要求。罗鹏老师经过对比试验发现使用 250 W 高压汞灯效果最好[6],经过反复实验发现,实验时需同时控制光照的距离,以 8—10 cm 为宜。

3.关于气体纯度

笔者在多次实验时,发现首次从集气瓶中抽取气体进行实验时成功率高,而后面再次抽取气体进行实验时常出现失败。查阅资料后发现,本实验成功与否与气体的纯度有很大关系。甲烷与氯气的取代反应机理为链反应,而氧气是本反应的阻止剂,因为空气中的氧气会消耗自由基。例如,甲基自由基可以和氧生成过氧甲基自由基($CH_3OO \cdot$),这种过氧自由基很不活泼,致使链反应几乎停滞[7]。因此,本实验在气体收集、抽取、注入反应器等环节中应尽量减少空气的混入,以保证成功率。

4.关于产物 HCl 的检验

通过硝酸银溶液来检验产物 HCl,同时用四氯化碳排除 Cl_2 的干扰,保证检验科学,效果明显。

七、总　结

甲烷和氯气取代反应的实验顺利进行意义重大,既有利于学生对取代反应原理的理解,又有利于学生实验探究素养和科学精神的培养。采用改良过的盐水袋作为反应器,甲烷和氯气体积比 1:4,选择 250 W 高压汞灯,光照距离 8—10 cm 进行实验,在 2 分钟左右就出现明显实验现象,能较好地揭示实验原理,且装置易携带组装,气体密封环保,适合课堂展示。

参考文献

[1] 许秀娟.对甲烷和氯气取代反应实验的创新[J].实验教学与仪器,2016(S2):56.

[2] 刘雨柔,毛佳杰,陈迪妹.甲烷和氯气取代反应的实验改进[J].中学化学教学参考,2018(14):43.

[3] 刘英杰.甲烷和氯气取代反应实验的改进[J].化学教学,2011(1):42.

[4] 闫生忠,陈琳,王科旺,等.基于绿色化学的甲烷与氯气取代反应装置优化设计[J].化学教育,2018(39):21-23.

[5] 邢其毅,裴伟伟,徐瑞秋,等.基础有机化学[M].北京:高等教育出版社,2005:142.

[6] 罗鹏.甲烷的取代反应实验改进[J].化学教与学,2015(5):77-78.

[7] 徐寿昌.有机化学[M].北京:高等教育出版社,1993:33.

(发表于《教育与装备研究》2020 年第 4 期)

乙醇催化氧化实验的一体化改进

【摘　要】通过分析高中化学教材中乙醇催化氧化实验的不足及相关文献报道,运用具支 U 形管、气唧、注射器、试管、酒精灯等简单仪器,设计了一套乙醇在铜催化下与氧气反应并利用新制氢氧化铜悬浊液验证乙醛的实验装置,实现了乙醇催化氧化及产物验证的一体化探索,取得了较好的实验效果,培养了学生的化学学科核心素养。

【关键词】乙醇;催化氧化;一体化;实验改进

一、问题的提出

苏教版高中《化学 2》中,乙醇的催化氧化实验的操作要点是:向试管中加入 3—4 mL 无水乙醇,将试管浸入 50℃ 左右的热水中,以保持反应所需的温度。将铜丝烧热,迅速插入乙醇中,反复多次,如图 1 所示,观察并感受铜丝颜色和乙醇气味的变化。[1]

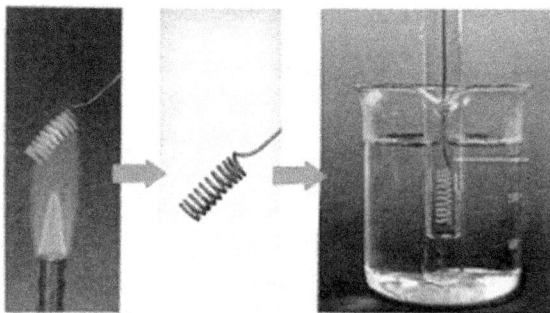

图 1　乙醇的催化氧化实验

该实验的目的是通过对比铜在反应前后的颜色变化,让学生认识到铜在此反应中起到催化剂的作用;通过对比反应物和生成物气味,让学生认识到生成了带有刺激性气味的新物质。该实验的优点是操作简单、安全,明显看到铜丝由红变黑再变红的现象,便于学生认识铜在乙醇的氧化过程中起到的作用。缺点是由于乙醛溶于大量乙醇中和挥发出来的乙醇的干扰,即使反复多次也很难闻到明显区别于乙醇的气味,使得乙醇被氧化为乙醛说服力不强。

为解决以上问题,许多研究者和教师针对该实验尝试设计了改进方案。例如,有的研究者将铜丝换成铜片,设计了"滴醇生花""雾里看花"等实验[2];也有的研究者将催化氧化和生成物水的检验融为一体设计实验[3];还有的研究者自制了 schiff 试剂并用来检验产物乙醛[4]。诸如此类的实验改进都是对乙醇氧化实验的有益探索,检验产物的现象也都比原教材中的实验现象更为明显。但是"滴醇生花""雾里看花"实验对环境存在一定的污染,乙醇中的水会对实验产生干扰 Schiff 试剂学生并不熟悉。

二、实验原理

铜被氧气氧化:$2Cu + O_2 \xrightarrow{\triangle} 2CuO$

氧化铜被乙醇还原:$CuO + CH_3CH_2OH \xrightarrow{\triangle} Cu + CH_3CHO + H_2O$

总反应:$2CH_3CH_2OH + O_2 \xrightarrow[\triangle]{Cu} 2CH_3CHO + 2H_2O$

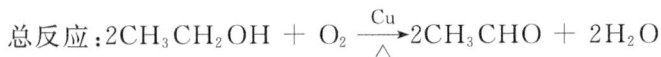

乙醛可使新制氢氧化铜悬浊液产生砖红色沉淀:

$CH_3CHO + 2Cu(OH)_2 + NaOH \xrightarrow{\triangle} Cu_2O\downarrow + CH_3COONa + 3H_2O$

三、实验药品与仪器

无水乙醇、铜粉、10%NaOH 溶液、5%CuSO₄ 溶液、具支 U 形管、气唧、注射器、试管、酒精灯、导管、橡皮塞。

四、实验步骤

1. 配制新制氢氧化铜悬浊液

在洁净的试管里加入 3 mL 10%氢氧化钠溶液,滴加 7—8 滴 5%硫酸铜溶液,得到含氢氧化钠的氢氧化铜悬浊液,放入 70—80℃水浴中。

2.搭建装置

按图 2 所示,先固定好具支 U 形管,左端连接气唧,右端连接导管伸入新制氢氧化铜悬浊液。

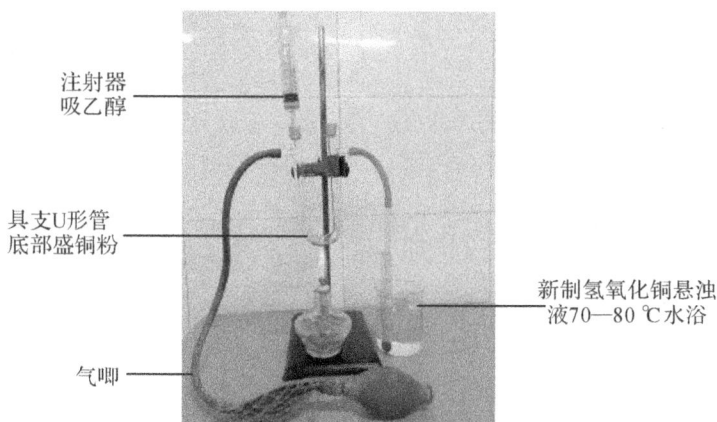

注射器
吸乙醇

具支U形管
底部盛铜粉

新制氢氧化铜悬浊
液70—80 ℃水浴

气唧

图 2　乙醇催化氧化实验的一体化装置

3.添加试剂

取少量铜粉于具支 U 形管底部,将 U 形管两端用橡皮塞塞住。用注射器吸取 5 mL 无水乙醇,插入具支 U 形管左侧橡皮塞。

4.催化氧化

点燃酒精灯,加热具支试管底部,鼓入空气至红色铜粉变黑色氧化铜。再滴入 5 滴无水乙醇,缓慢鼓气,将蒸气吹向新制氢氧化铜悬浊液。

5.观察现象

点燃并鼓气后固体变黑,滴加无水乙醇后固体瞬间变红,鼓入空气后又逐渐变黑,如此往复。重复多次后可在右侧试管口闻到刺激性气味,并观察到试管中产生砖红色沉淀。

五、实验改进的意义

第一,本实验将乙醇的催化氧化与产物乙醛的检验联合起来,现象明显且具有较强的趣味性,达到了一体化的目的,学生能够基于砖红色沉淀的出现这个证据进行分析推理,证实了乙醇催化氧化产物乙醛的生成,培养学生科学探究与证据推理的化学学科核心素养。

第二,本实验使用铜粉,较铜丝、铜片接触面积更大,反应更充分;利用注射器少量多次滴加无水乙醇,可增大乙醇的转化率,减少乙醇的挥发,不再需要通过闻气味的方法来鉴别反应产物,保证了实验的安全性,培养学生科学态度与社会责任的化学学科核心素养。

第三,实验过程中可清楚地观察到随着空气的鼓入与停止,铜粉的颜色呈现黑、红交替变化,进一步认识到铜在反应中的"催化"作用,加深对"催化氧化"的认识,培养学生宏观辨识与微观探析、变化观念等化学学科核心素养。

参考文献

[1] 王祖浩.普通高中课程标准实验教科书・化学 2(必修)[M].南京:江苏教育出版社,2014:69.

[2] 吴亚男.从"滴醇生花"到"雾里看花"——乙醇催化氧化实验的改进[J].化学教与学,2015(10):85-86.

[3] 刘兴全,王强.乙醇催化氧化实验的改进方案[J].教育与装备研究,2018(11):63-65.

[4] 沈艳.Schiff 试剂用于乙醇催化氧化反应产物检验方法的改进[J].化学教学,2015(5):55-58.

（发表于《化学教与学》2020 年第 4 期）

油脂皂化反应的实验改进

【摘　要】皂化反应是高中化学中非常重要的实验,按照教材上的活动方案,操作复杂、耗时较长,不适合课堂演示。通过改进原料及用量,采用塑料瓶作为反应容器,改变加热方式,缩短反应时间,改进后的实验材料易得,操作简单、安全,既便于课堂演示,也可供学生课外自主探究。

【关键词】皂化反应;植物油;塑料瓶;暖宝宝

一、问题的提出

皂化反应是高中有机化学一个非常重要的知识点,皂化反应实验能帮助学生更好地理解油脂碱性水解原理,并能联系生活实际,让学生动手做肥皂,体现学以致用,进而激发学习化学的热情。

苏教版高中《化学 2》在"酯　油脂"中安排了用油脂制肥皂的"活动与探究"[1],根据此方案,实际课堂操作中遇到的问题:

(1)动物脂肪处理麻烦。

(2)边搅拌边小心加热并没有想象中好操作。

(3)油脂水解时间偏长,需要多次检验是否水解完全。

(4)实验比较费时,不便于课堂演示。教师平时教学中的处理手段是要么舍弃这个实验,要么将其改成课外拓展实验。

在中国知网上搜寻有关皂化反应的改进实验,发现有皂化反应合理原料的探究,如用植物油好还是动物油好,加多少氢氧化钠更合适等,也有实验改进,但大多数改进集中在学生的课后制肥皂,耗时比较久。关于改进皂化反应实验的原料和操作方式使之能方便地进行课堂演示或学生分组实验的内容很少。

二、实验改进

查找资料可知,皂化反应常温下进行得较为缓慢,为了加快反应速率,一般在水解时采用持续加热的方法,如小火加热或水浴加热,同时不断振摇或不断搅拌。[2] 所以皂化反应的关键是在化学反应的过程中保持系统的较高温度,同时加入酒精并不断搅拌溶液使其混合得更充分。而要想适合课堂演示必须满足现象明显、耗时不能太长、仪器简单、操作易行等条件。在这个思路下提出第一种改进思路,减少反应物用量,改变加热容器和加热方式。

1. 方案 1

(1)在大试管中加入 1 mL 植物油、1 mL 95% 的乙醇,振摇,再加入 1 mL 40% 的氢氧化钠溶液,充分振荡使其混合均匀。

(2)将试管在酒精灯上小心加热,几分钟后反应液变成黄棕色黏稠状(见图 1)。用玻璃棒蘸取反应液,滴入装有水的小烧杯中,振荡,若无油滴浮在液面上,说明反应液中的油脂已完全反应,否则要继续加热使反应完全。

(3)将反应液倒入 10 mL 饱和食盐水中(见图 2),搅拌,观察浮在液面上的固体物质,用药匙将固体物质取出,用滤纸或纱布沥干,挤压成块,观察,并与日常使用的肥皂作比较(见图 3)。

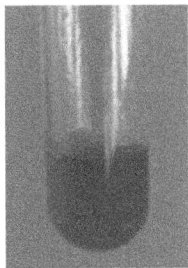

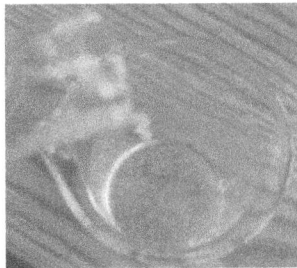

图 1　油脂皂化反应　　图 2　分离水解产物　　图 3　皂化反应的产物

改进后的实验操作简单,耗时短,现象明显,适合课堂演示和课堂上学生分组实验,但因为原料很少,产物更少,对于学生直观感受制肥皂的效果大打折扣。继续思考,加大反应物的用量,那么就面临如何持续加热和不断搅拌的问题。查阅资料可知皂化反应的适宜温度在 40℃ 到 70℃ 之间,暖宝宝发热时温度在 50℃ 左右,不断搅拌可以改为不断振摇,如果在一个相对密闭的容器中进行就可

以很好地解决问题,于是提出第二种思路。

2.方案 2

(1)在一个空塑料瓶中加入 8 mL 植物油、8 mL 95% 的乙醇和 4 mL 40% 的 NaOH 溶液,拧紧瓶盖,在瓶身外贴上两张暖宝宝(见图 4),振摇 2 分钟。

(2)用玻璃棒蘸取反应液,滴入装有水的小烧杯中,振荡,无油滴浮在液面上。将反应液倒入 10 mL 饱和食盐水中,搅拌后静置片刻(见图 5),纱布沥干,即可得到块状物体(见图 6)。

图 5　分离水解产物

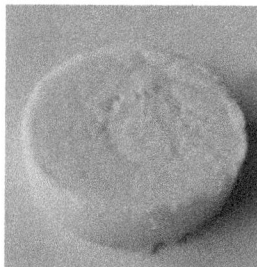

图 4　改进后的反应器

图 6　皂化反应的产物

三、改进后的优点

(1)方案 1 中用大试管做实验,采用直接加热的方式,这样加热、振荡更方便,缩短实验时间,适合课堂进行演示。

(2)用植物油(或抽油烟机流下的废油滤去残渣)进行皂化反应,材料易得、处理方便、环保,学生能更好地接受。

(3)方案 2 采用空塑料瓶做反应容器,材料简单、易得、好处理,关键是振摇相当方便。采用暖宝宝进行保温加热,改变加热方式,仪器与药品均简单易得,操作更简单更安全,水解时间大大缩短,操作便利、安全方便,不仅可以作为课堂演示实验,学生也可以在课外进行制肥皂的尝试。

四、改进实验后的反思

按照上面提到的两种方案均能很好地向学生呈现皂化反应的过程,实用性强,作为课堂演示实验,补充单纯原理讲解的不足是很好的尝试。但方案1中反应物量少导致产品少,最后肥皂成型不佳。两个方案中制得的肥皂均有手感不佳、碱性偏强的问题,若要在生活中制手工皂还要调节减少碱的用量(油脂与氢氧化钠的质量比约为6∶1较为合适),适当延长最后肥皂定型的时间。

选用植物油做皂化反应,学生的接受度更高,操作更简单,但是最后的产品更黏稠不易成型,如要做出其他不同的造型,还需要放置较长一段时间。[3]

暖宝宝做热源持续发热时间长,温度相对稳定在50℃左右,可以贴在反应容器上形成包裹,是一个很好的加热手段,操作安全简单,可以代替一些持续小火加热或水浴加热等加热手段。暖宝宝打开包装,1分钟左右就有明显的热感,10分钟左右升温至40℃以上,发热时间长,实验时可以提前拆开,让它先预热。

在有限条件下另辟蹊径,活用身边素材改进实验,让实验生活化、简便化,不仅丰富了课堂教学内容,让学生感受了化学的魅力,同时体现了化学与生活的紧密联系。设计实验探究方案,运用实验手段研究化学问题,揭示现象的本质和规律,培养学生勤于动手、善于合作、勇于创新的品质,提升科学探究能力。

参考文献

[1] 王祖浩.普通高中课程标准实验教科书·化学2(必修)[M].6版.南京:江苏教育出版社,2016:17.

[2] 吴国英.皂化实验合理原料探究[J].中学化学教学参考,2018(4):55-56.

[3] 杨友智.做皂化反应实验时用植物油好还是用动物油好?[J].化学教与学,2012(7):82.

(发表于《实验教学与仪器》2020年第6期)

铜与浓硝酸反应的实验改进

【摘　要】针对苏教版高中《化学 1》教材中演示实验铜与浓硝酸反应存在反应速率难以控制、二氧化氮污染环境等问题，提出了用抽拉铜丝、注射器收集等改进措施，实现了在密闭系统中水与二氧化氮反应、一氧化氮与二氧化氮转化的实验，改进后的实验节约试剂，注重环保，提升教学效果，发展学生化学核心素养。

【关键词】铜；浓硝酸；实验改进

一、问题的提出

苏教版高中《化学 1》教材第 100 页的实验 1，将铜片置于具支试管的底部，通过分液漏斗加入 2 mL 浓硝酸，将产生的气体通入倒置于水槽里充满水的集气瓶中，观察实验现象。（见图 1）[1]

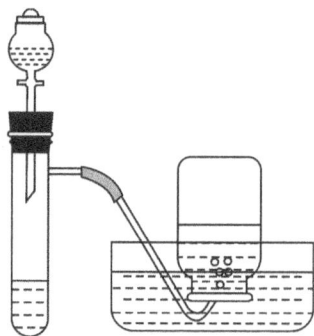

图 1　铜片与浓硝酸的反应装置

教材中的实验，铜与浓硝酸迅速反应，生成红棕色的二氧化氮气体，现象明显，但也有缺点和不足，如：反应无法控制，直至铜片或硝酸完全反应后才会停止,造成药品的浪费,还有多余气体的处理问题。若要实现 NO 与 O_2 的反应,需要将集气瓶从水槽中取出,容易造成气体产物逸散而造成污染。

二、实验仪器与药品

大试管、2 支塑料注射器(10 mL)、塑料瓶(50 mL)、橡皮塞、铜丝、浓硝酸、蒸馏水。

三、实验改进

1. 实验目的

学习铜与浓硝酸的化学反应,通过该创新实验体会化学知识与实际生活的联系,培养环保意识;体会知识间的联系在实验设计中的重要性,培养实验创新意识,发展核心素养。

2. 实验原理

$$Cu + 4HNO_3(浓) = Cu(NO_3)_2 + 2NO_2\uparrow + 2H_2O$$

$$3NO_2 + H_2O = 2HNO_3 + NO$$

$$2NO + O_2 = 2NO_2$$

3. 实验步骤及现象

(1)组装好装置,检查气密性,装入浓硝酸,将铜丝插入浓硝酸中。(见图 2)

(2)可以观察到铜丝与浓硝酸剧烈反应,溶液变蓝,同时产生大量的红棕色 NO_2 气体,充满整个试管。此时,将铜丝抽离浓硝酸,用 2 支注射器吸满 NO_2 气体。(见图 3)

(3)将 2 支注射器内的红棕色气体均注入装有蒸馏水的小塑料瓶中。(见图 4)

(4)振荡塑料瓶,使二氧化氮与水充分反应,观察到瓶内气体颜色消失。

(5)用注射器吸取一定量的空气,注入塑料瓶中,观察到塑料瓶中又出现了红棕色。

(6)再次振荡塑料瓶,里面的气体又变为无色。

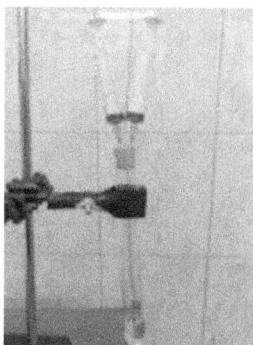 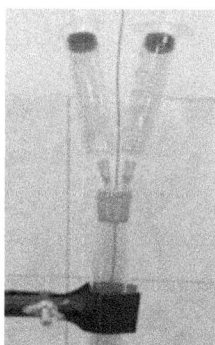 

图2　　　　　　　　图3　　　　　　　　图4

四、实验改进的意义

1.节约药品,培养节俭思想

改进后的实验装置,通过抽拉铜丝,既可以控制反应速率,又节约药品。

2.现象明显,提升教学效果

改进后实验现象明显,学生可以看到 NO_2 红棕色气体的生成,NO_2 与水反应生成无色的 NO,再次注入空气,无色的 NO 又变为红棕色的 NO_2。以上实验现象均可以直观地呈现在学生眼前,视觉冲击力强,学生印象深刻,提升课堂教学效率,强化教学效果。

3.减少污染,树立环保意识

环境保护是我国的一项基本国策,在教育教学过程中要注意环保意识的渗透与融入。改进后的实验,注重环保意识,整个操作都是在密闭的环境中进行的,几乎没有污染,发展了学生的科学态度与社会责任核心素养。

参考文献

[1] 王祖浩.普通高中课程标准实验教材书·化学1(必修)[M].南京:江苏教育出版社,2014:100.

（发表于《中国现代教育装备》2020年第14期）

基于 STEM 理念的焰色反应实验装置设计

【摘　要】焰色反应是中学化学中的重要实验之一,为了提高实验的观赏性和趣味性,利用火龙卷原理增大火焰高度来放大实验现象,使现象更直观。基于 STEM 理念,融入科学、技术、工程、数学等多学科知识,研究设计一个可以几组实验同时进行,且成本低、易操作、重复性强的装置,提高课堂演示效果。

【关键词】STEM 理念;焰色反应;装置设计

一、问题的提出

20 世纪 80 年代,美国政府提出了跨学科、跨领域的 STEM 教育。STEM 是 Science(科学),Technology(技术),Engineering(工程),Mathematics(数学)四门学科的首字母缩写。STEM 的理念就是要综合利用科学、技术、工程、数学等多学科知识来解决实际问题。[1]焰色反应是高中化学教材中一种常用的简易定性分析法,也是非常经典的物质检验型实验。教材中的做法是:取一根铂丝(或用细铁丝代替),放在酒精灯(或煤气灯)火焰上灼烧至无色。用铂丝蘸取少量某待测液,置于火焰上灼烧,观察火焰颜色。再用稀盐酸洗净铂丝,并在火焰上灼烧至无色,然后进行下一组实验。这样的操作在学生分组实验中容易操作和观察,但对于教师课堂演示实验来讲,效果不明显,观察不方便。一是酒精灯火焰小,演示实验时后排学生看不清;二是灼烧时间短且酒精灯火焰本身呈黄色,干扰现象观察;三是同一根铂丝每次需清洗后再做下一个实验,不能同时进行多个焰色反应的操作。为了提高焰色反应演示实验的观赏性和趣味性,且操作简单易行,本文以 STEM 教育思想为基础,综合各学科知识,借助"火龙卷"增大火焰高度来放大实验现象。

二、实验原理

火龙卷就是火焰龙卷风,又称火旋风。根据 Byram 和 Martin 的研究成果,形成火龙卷的旋转涡流必须具备三个条件:生成涡、流体汇和摩擦力。生成涡为火旋风的形成提供了旋转所需的角动量。从形成原理上看(见图 1),热空气会上升形成自然对流,这个时候周围的冷空气会源源不断地被吸入,沿着一个特殊的路线扰乱中间的气流。这时内部的空气是呈层状分布的,气流沿着平面做平行的直线流动,空气的质点是一层层地向前运动且互不混掺,每两层的界面上会产生摩擦力一样的作用,也就形成了剪应力,最终形成火龙卷。[2]

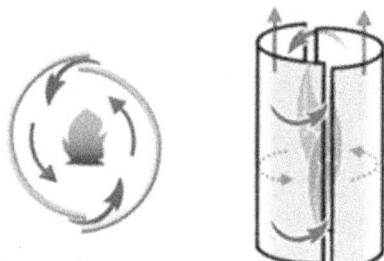

图 1 火龙卷产生原理

三、实验装置设计探究

1.双半圆弧装置(第一代装置)

以大理石为底座,底座上下挖凹入的槽,将两块长 35 cm、弧宽 85 cm 的半圆弧形亚克力板进行固定,交错 0.2 cm 左右。(见图 2)使用镀锡铁罐底加液直接燃烧,甲醇为燃料,金属卤化盐作为药品样本。

优点:①大理石板做底座保证装置整体的稳定性,透明的亚克力圆筒能呈现焰色效果。②镀锡铁罐底清洗方便,无任何残留。③增加火焰高度,容易观察。增加了趣味性和观赏性,利于激发学生学习兴趣。

缺点:①亚克力管燃烧时间长后会不可避免地软化,影响原有效果。②只有对侧 2 个进风口,燃烧气流不稳定。侧边进风口竖直距离过长,吸入的空气无法充分加热会作为冷空气下沉,阻碍热空气上升,限制火龙卷的高度,影响火龙卷稳定性。

图 2　双半圆弧装置构造

2. 正六边形多口进风装置(第二代装置)

(1)理论分析。

南京理工大学余罕元的研究表明,当各个进风口的连线可以组成一个正多边形时(见图 3),火旋风较容易形成,且强度大、稳定性好。火旋风的强度和稳定性均随着进风口宽度的增加先增大后减小。当进风口的长度为宽度的 2 倍时,火旋风最易形成,强度最大,稳定性最好,温度最高,燃烧速率最快。[3]

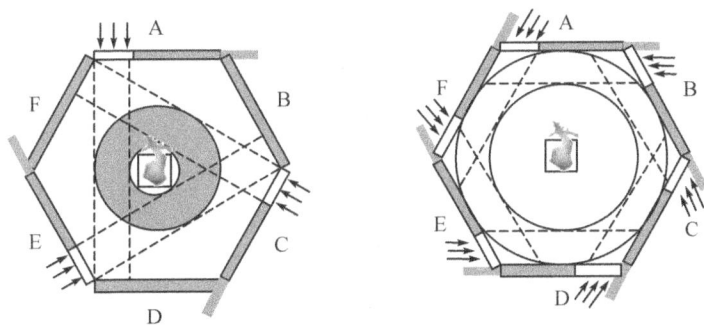

图 3　多边形进风口 (左:3 个进风口;右:6 个进风口)

以直径为 5.3 cm 的镀锡罐底为实验载体,使用不同直径和高度的 PVC 管探究管壁直径高度比的关系,实验数据见表 1。实验结果显示:在一定宽高比例($d : h$ 约为 1:3)下,火焰高度与管直径成正比。

表1　管壁直径与火焰高度的关系(单位:cm)

火焰高度 h ＼ 管壁直径 d	25	30	35
8	17.5	20	23.3
10	23.3	25.4	25.7
13	23.5	25.4	25.5

以6个进风口的布局进行反复试验,管壁最终定位数据见表2。

表2　管壁位置(单位:cm)

管壁直径 ＼ 位置	(0,0.5)	(0,1.5)	(−1,1)
d	26.1	26.3	27.4

说明:位置是以圆心为定位点,右管壁的相对位置 (x, y)。(见图4)

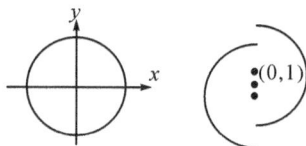

图4　管壁相对位置

(2)实物制作。

通过以上的数据测试与分析,先运用3D建模,然后制作实物装置。(见图5)

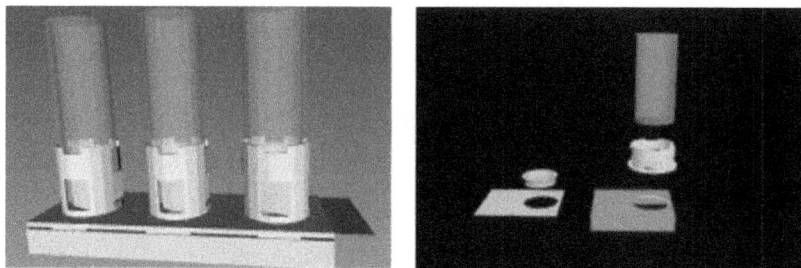

图5　装置3D建模(左:整体图;右:分解图)

装置主要由金属底座、灭火板、一体风叶和玻璃管组成。(见图6)仍使用镀锡铁罐底加液直接燃烧,甲醇为燃料,金属卤化盐作为药品样本。演示实验时,在三个镀锡铁罐底燃烧盘中加入不同的待测溶液,点燃后可产生三种颜色的火龙卷。需要停止实验时,抽拉灭火板,即可实现整体灭火。

图6 正六边形多口进风装置构造

四、教学反思

有机结合不同学科的知识,能碰撞出新的思想。实验是化学学科的基础,教材上提供的化学实验操作方法,有的效果不一定好。化学教师要努力寻找科学、可行、简易、快速、高效的实验方法,激发学生兴趣,提升化学课堂的魅力。实验的改进思路不一定局限于本学科范围内,联系技术、物理、数学等其他学科的知识来改进实验方法,更有利于体现化学学科的价值。

参考文献

[1] 许亮亮,邹正,程昊然.基于STEM教育的中学化学创新实验研究——以制备"pH响应海藻酸钠微球"为例[J].化学教育,2017(13):63-66.

[2] 张光辉,夏子潮,毛少华.小尺度火旋风临界环量数值模拟与特性分析[J].消防科学与技术,2018,37(4):477-480.

[3] 余罕元.火场进风口情况对火旋风特性影响的研究[D].南京:南京理工大学,2014:46.

(发表于《化学教与学》2020年第4期)

浓氨水与浓盐酸反应的实验改进

【摘　要】浓氨水与浓盐酸的白烟实验是高中化学教学中的一个重要演示实验,按照现行教材,此实验为全敞开式,刺激性气体逸出并污染环境,产物没有处理回收,不符合绿色化学的要求。通过改进反应容器和反应液的注入方式,利用输液瓶和注射器的密封性,向密闭反应容器中半自动注水,吸收产物。改进后的实验材料易得,现象明显持久,课堂演示中更便于学生观察,为学生由宏观现象思考微观本质搭建桥梁。

【关键词】浓氨水;浓盐酸;反应;实验改进

一、问题的提出

现行苏教版高中《化学1》专题4第二单元"生产生活中的含氮化合物"的内容中,关于"氮肥的生产和使用"设置了用浓氨水和浓盐酸产生白烟的实验,人教版高中《化学1》也有类似实验,但不管哪种教材中的方案,实际课堂操作中均会遇到如下问题:

(1)药品的用量比较少,现象不明显,并且持续时间不长,不便于课堂观察。

(2)浓氨水的刺激性气味太浓,影响师生完成实验的积极性。

(3)操作完全暴露在空气中,浓氨水、浓盐酸的挥发污染环境,不利于师生健康。

(4)生成的产物暴露在空气中,没有妥善处理,不符合绿色化学思想。

在中国知网上搜寻有关浓氨水与浓盐酸的改进实验,发现均是从实验室已有的仪器改进入手,出发点均是尽量密封,同时让现象更持久。[1][2]关于使用生活中的材料进行改进,同时考虑密闭体系减少挥发,并兼顾产品吸收的想法很少。

二、实验改进

此实验很容易发生,关键是如何在密闭体系中反应,减少挥发,降低刺激性气体对师生的伤害,现象要明显持久,产物要能回收。按照这些要求,提出第一种改进方案。

1.方案1

(1)准备一个无色透明的空塑料瓶,两支小型注射器。(见图1)

(2)用小型注射器分别吸取0.5 mL的浓氨水和浓盐酸。

(3)将两支小型注射器从旁边小心插入塑料瓶中下部,同时将溶液注入塑料瓶中,即可观察到瓶中出现明显的白烟。(见图2)

(4)观察结束后,拧开瓶盖,向瓶内加入适量蒸馏水,迅速拧紧瓶盖,振荡,白烟明显减少,产生的氯化铵被吸收。(见图3)

图1 实验准备   图2 浓氨水与浓盐酸反应   图3 反应后瓶中注入水

实验改进利用生活中的材料,操作简单,现象明显,适合课堂演示。实验中发现还是有少量物质泄漏出来,特别是加水振荡吸收氯化铵时,瓶身上的小孔会有少量漏液。最后想到输液瓶密封效果好,于是提出第二种改进方案。

2.方案2

(1)准备一个无色透明的空输液瓶,两支小型注射器。

(2)用小型注射器分别吸取0.5 mL的浓氨水和浓盐酸。

(3)将两只小型注射器从输液瓶的瓶塞处刺入,将溶液注入输液瓶中,即可观察到瓶中出现明显的白烟。手握输液瓶,能感受到反应放热。(见图4)

(4)实验结束,将截短后的输液管一头插入输液瓶,另一头插入蒸馏水中,利用液位差让水自动流入瓶中,振荡,白烟明显减少,产生的氯化铵被吸收。(见图5)

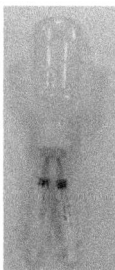

图 4　浓氨水与浓盐酸反应　　　图 5　水流入输液瓶

进一步思考,能不能在刺激性气体不泄漏的前提下直观感受浓氨水和浓盐酸的易挥发呢? 能不能观察到氨气和氯化氢哪个扩散速率更快呢? 于是尝试将两个输液瓶连接起来,提出第三种改进方案。

3. 方案 3

(1)准备一大一小两个无色透明的空输液瓶,一根改装后的输液管(带输液调节阀),两支小型注射器。

(2)用改装后的输液管将一大一小两个无色透明的空输液瓶连接起来,中间的输液调节阀关闭。(见图 6)

(3)用小型注射器分别吸取 1 mL 的浓氨水和浓盐酸。

(4)将小型注射器从输液瓶的橡皮圈刺入,将溶液注入输液瓶中,即可观察到瓶中两种溶液的挥发现象。接着将输液调节阀开到最大,等待一小会,白烟先在盛浓盐酸的瓶中较大量出现。两边交替挤压输液瓶,即可看到两边瓶中出现明显的白烟。(见图 7)

(5)实验结束,取下一边的输液管插入蒸馏水中,利用液位差让水自动流入瓶中,振荡,白烟明显减少,产生的氯化铵被吸收。另一瓶可重复操作,吸收产物氯化铵。(见图 8)

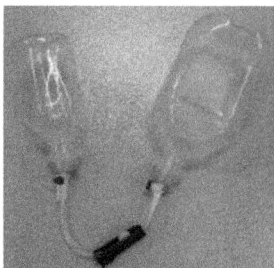

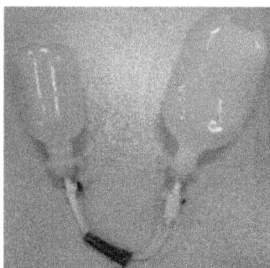

图 6　实验准备　　　　图 7　浓氨水与浓盐酸反应　　　图 8　水流入输液瓶

三、改进后的优点

(1)方案1仪器简单,操作方便,现象明显,便于观察,反应物挥发少,产物可吸收,适合课堂进行演示。

(2)方案2更密封,反应物挥发更少,降低了对师生的伤害;产物吸收方便充分,更为绿色环保。同时还能让学生体会反应的能量变化。

(3)方案3采用组装仪器做反应容器,材料简单、易得。在方案2的基础上还可以单独观察浓氨水、浓盐酸的挥发现象,同时没有气体泄漏。输液调节阀的使用可以更为直观地感受氨水易挥发和氨气的扩散效果。

(4)所用材料廉价易得,制作简便,可重复使用,环保节约。

四、实验改进后的反思

方案1材料最易得,操作最简便,准备工作少,现象明显。方案2密封性比方案1要好,输液瓶可以反复使用多次,注水吸收产物方便快捷,并且可以直接感受反应放热,但注入的水排出时不如方案1方便。方案3中的两个容器连接得比较巧妙,并且利用输液调节阀可分可合,可以观察氨气的多个性质,可以继续挖掘其用于混合体系的反应。

教师要做科学探究的有心人,活用身边素材改进实验,让实验现象更明显更持久,同时以人为本,力求环保健康,这样不仅丰富了课堂教学内容,增强了学生学习化学的兴趣,同时也为学生由宏观现象思考微观本质搭建了桥梁,发展学生科学态度与社会责任、科学探究与创新意识的化学学科核心素养。

参考文献

[1] 刘又铭.浓氨水与浓盐酸的白烟实验改进[J].教育与装备研究,2017(9):76-77.
[2] 杨海波.关于氨气的两个性质实验的改进[J].实验教学与仪器,2018(12):41-41.

(发表于《实验教学与仪器》2020年第11期)

铁在氯气中燃烧实验的改进

【摘　要】通过分析现行各版本化学教材中铁丝在氯气中燃烧实验存在的不足和问题,提出了采用注射器储装备用氯气,改铁丝为铁粉,结合氯气的顶吹技术等改进方案。改进后实验操作简单,现象明显且持久,对环境污染小,适合教师课堂演示。

【关键词】顶吹燃烧;氯气;实验改进

"以实验为基础是化学学科的重要特征之一,化学实验对于全面发展学生的化学学科核心素养有着极为重要的作用"[1]化学实验的随堂演示是师生互动的一种主要教学形式,学生通过演示实验接近化学、接触化学、接受化学。演示实验需要简单的器材、可行的条件,在有限的时间下展示鲜明的实验现象,这样可以更深程度地刺激学生的感官,以此提升学生学习兴趣,发展学生学科素养。

一、问题的提出

铁丝在氯气中燃烧实验是高中化学"氯气性质"教学内容中的一个重要实验,现行各版本高中化学教材中均有涉及此内容。人教版只给出了"例如,钠、铁、铜等都能在氯气中燃烧"及相应的化学反应方程式,并未对演示实验有所描述。[2]苏教版和鲁科版都有对该实验的演示提出要求。苏教版教材用坩埚钳夹住一束擦亮的细铁丝,将铁丝一端放在酒精灯上灼烧至红热,迅速伸入盛有氯气的集气瓶中,观察实验现象[3],教材中未给出实验装置图。鲁科版教材把烧得红热的一束铁丝伸入到充满氯气的集气瓶中,观察现象,然后向集气瓶中加入少量的水,振荡,观察溶液的颜色[4]。综合研究发现,这种传统燃烧方式的实验现象是明显的,但同时也存在着一定的问题。其一,氯气的制备过程中,采用集气瓶储装对于氯气的用量过大,玻璃片虽然被涂上凡士林,但气密效果并不理想,保存时间不长,提运过程中也极易掉落玻璃片发生氯气的逸出。其二,在演示过程中,打开集气瓶,伸入红热的铁丝后,燃烧立即在瓶口处发生,部分氯气与氯化铁迅速逸出集气瓶,由于集气瓶高度有限,即使将铁丝向下伸入到底部也不可避免这种情况的发生,这样不仅大大浪费原料氯气,而且还严重影响了环境的质量,使学生对化学学科产生较大的误解,同时对师生的健康非常不利。

许多一线教师也曾对此演示实验进行改进,研究方向也多从绿色环保或燃烧方式的选择上出发。傅先凤[5]老师提出用锥形瓶替代集气瓶作为燃烧的器皿,并用橡皮塞替代玻璃片的密封方式,既有利于氯气的保存和提运,又有利于燃烧过程中污染物的控制。孙家娟和范广[6]老师研究用铁粉与氯气反应生成产物的成分,使燃烧更易发生且更为充分。

二、实验的改进

1. 实验用品

仪器:注射器带长管、橡皮塞、铁架台及铁夹、酒精灯、大试管、药匙等。

药品:氯气、铁粉。

2. 实验装置

实验装置设计如图 1 所示。

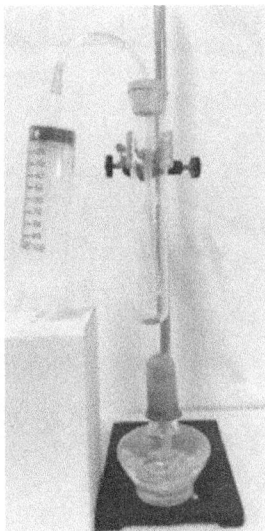

图 1　氯气顶吹燃烧装置图

3.实验过程

(1)氯气的收集。

用高锰酸钾或氯酸钾与浓盐酸反应,在通风橱内制备氯气,将注射器连接到导气橡胶管,也可将注射器的针头直接伸入到反应烧瓶中,待氯气大量产生时,将氯气抽入注射器中,套上注射器密封套备用。

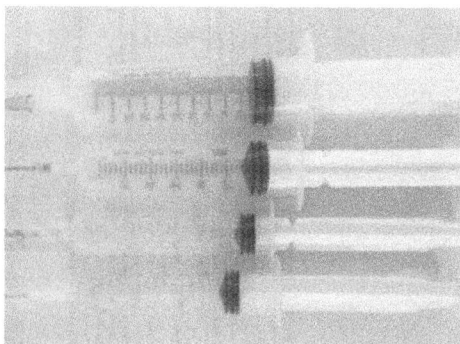

图 2　收集于注射器中备用的氯气

(2)实验过程与现象。

按上图 2 装配好实验装置。取小半药匙铁粉置于大试管底部,用酒精灯外焰加热试管底部约 1 分钟,然后将注射器的长管伸入到铁粉的上方约 0.5 cm 的位置,塞上橡皮塞,轻轻推动注射器的活塞,让注射器里的氯气缓缓地吹到铁粉表面,即可以看到铁粉与氯气剧烈反应,生成大量棕黄色的烟。

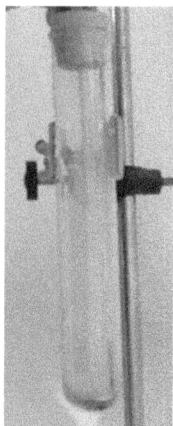

| 实验前颜色 | 反应过程中颜色 | 反应过程中颜色 | 反应后颜色 |

图 3　吹入不同氯气量时反应现象

如果要观察产物溶于水的现象,还可事先在靠近大试管口的内壁上涂上少许清水,这样产物一旦生成就会立即溶解在附着的清水中,并在试管壁上成多股流下,如图 4 所示。

图 4　反应后试管内壁上附着的三氯化铁溶液

三、改进后的优点

(1)本实验改进所选用的注射器储装备用氯气,密封性好不易泄漏,放置时间长,大大减少多个授课班级进行演示实验的课前准备次数,而且在提运过程中也不怕掉落或碰翻造成氯气的浪费和环境的污染。

(2)改进后在大试管中进行燃烧实验,一则减少了氯气的用量,二则由于燃烧发生在试管的底部,橡皮塞的使用,较长的试管长度和氯气、氯化铁的密度决定了实验逸出物大大减少,不会对教学环境造成大的污染,有利于师生的健康。

(3)使用气相顶吹技术,不仅氯气用量减少,还可以使反应物之间有效接触。这种改进的思路也可以应用于高中化学的其他气固相反应,例如,可以用注射器将氨气顶吹到灼热的氧化铜粉末上,实现氨气与氧化铜反应的实验。

参考文献

[1] 中华人民共和国教育部.普通高中化学课程标准[S].北京:人民教育出版社,2018:72.
[2] 宋心琦.化学 1(必修)[M].北京:人民教育出版社,2007:83.

[3] 王祖浩.普通高中课程标准实验教科书·化学 1(必修)[M].南京:江苏教育出版社, 2014:42.

[4] 王磊,张文朴.化学 1(必修)[M].济南:山东科学技术出版社,2007:13.

[5] 傅先凤.铁、氢气在氯气中燃烧的实验装置创新设计[J].中学化学教学参考,2015(12): 48-49.

[6] 孙家娟,范广,张引莉,等.铁粉与氯气反应能生成二氯化铁吗?[J].大学化学,2016(4): 80-82.

(发表于《科学咨询(教育研究)》2020 年第 5 期)

电解饱和食盐水的微型创新实验设计

【摘　要】针对苏教版高中《化学1》中电解饱和食盐水实验装置及操作相对复杂、演示效果不佳等问题，通过采用点滴板做反应器，充电宝和铅笔组成电源和电极进行电解实验，同时整合氯气性质实验，实验综合性好、趣味性强、操作简单，且具有启发性，有利于学生化学学科核心素养的发展。

【关键词】电解；饱和食盐水；实验设计

一、问题的提出

电解饱和食盐水是苏教版高中《化学1》专题2的第一单元中"氯气的生产原理"[1]的一个演示实验，该实验是引导学生探究氯气工业制备方法的重要载体，也是学生首次接触电解法的重要实验。

教材采用在U形管中进行演示实验的方式，它有以下缺点：实验装置采用U形管和向上向下两根支管组成，装置组装较复杂；分别收集氢气、氯气，在反应后溶液中滴加酚酞等操作对产物进行检验，实验操作较复杂；电解实验与氯气的性质实验相对独立，课堂实验用时较长，影响教学效率。

查阅中国知网，笔者发现电解饱和食盐水一直是一线教师研究的热点，李楠、罗兵、唐其生老师在参考了近年来许多研究成果之后，利用三颈烧瓶创新设计了电解装置[2]，但需要使用针筒等，具有一定危险性，不适合分组实验。丁玲老师用小玻璃瓶、塑料管等设计了微型实验装置[3]，但小瓶子空间狭小，放置两根电极后不利于气体检测和现象观察。

因此，笔者试图通过日常生活用品和实验室中的常见物品创新设计该实验，同时整合氯气的性质实验，简化实验操作，优化实验效果，增加实验亲和性，提升教学效率。

二、实验原理

$$2NaCl + 2H_2O \xrightarrow{\text{通电}} 2NaOH + 2H_2 \uparrow + Cl_2 \uparrow$$

三、实验用品

仪器:点滴板、铅笔、充电宝、导线。

试剂:饱和食盐水、酚酞试液、测氯试纸、淀粉碘化钾试纸、中性石蕊试纸、pH 试纸、KSCN 和 FeCl₂ 混合溶液。

四、实验步骤

(1)取两块 6 孔点滴板,在点滴板的孔中滴加饱和食盐水,分别用滤纸、测氯试纸、淀粉碘化钾试纸、中性石蕊试纸、pH 试纸等在相邻的两孔中间搭桥连接,做好标记,如图 1 所示,同时在①号用滤纸做桥的两孔中滴加几滴酚酞试液。

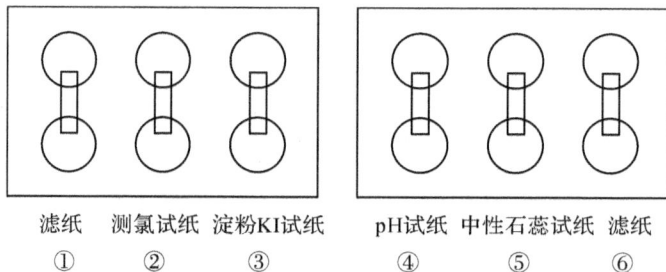

| 滤纸 | 测氯试纸 | 淀粉KI试纸 | pH试纸 | 中性石蕊试纸 | 滤纸 |
| ① | ② | ③ | ④ | ⑤ | ⑥ |

图 1　实验准备

(2)将两支铅笔两头削尖,将充电宝导线分开两股,分别与两支铅笔的一端连接,形成两根电极,如图 2 所示。

(3)开启充电宝,将两极逐一插入点滴板上两个相连孔内的饱和食盐水中,观察现象。

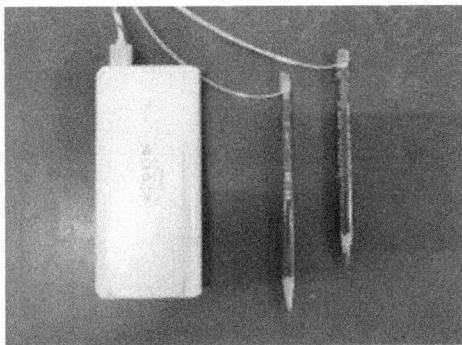

图 2 电源

五、实验现象

开启充电宝后,发现两支铅笔末端都有气体产生,且每组呈现的现象各不相同,色彩纷呈,具体现象与解释如下。

①号:一支铅笔末端产生无色气体,且溶液颜色变红色。另一支铅笔末端有黄绿色气体产生,一段时间后溶液呈浅黄绿色。原因为电解时一极产生氢气和氢氧化钠,氢氧化钠使酚酞变红色。另一极产生氯气,部分溶于水形成溶液。

②号:测氯试纸一端呈棕色,一端无明显变化。原因为一极产生氯气遇测氯试纸显棕色。

③号:淀粉 KI 试纸一端显蓝色,一端无明显变化。原因为一极产生的氯气使碘离子变为碘单质,碘单质遇淀粉变蓝色。

④号:pH 试纸一端显蓝色,一端显红色,笔尖接触部分褪色。原因为一极产生的氢氧化钠使 pH 试纸显蓝色,另一极产生的氯气与水产生的 HCl 使试纸显红色,HClO 使 pH 试纸褪色。

⑤号:中性石蕊试纸一端显蓝色,一端显红色,笔尖接触部分褪色。原因为一极产生的氢氧化钠使 pH 试纸显蓝色,另一极产生的氯气与水产生的 HCl 使试纸显红色,HClO 使 pH 试纸褪色。

⑥号:电解后在产生氯气的孔中滴加 KSCN 和 $FeCl_2$ 混合溶液,出现血红色,原因为产生的氯气将亚铁离子氧化成三价铁离子,遇 KSCN 呈血红色。

六、实验创新点

(1)实验仪器简单,便于携带,实验操作简洁,适用于实物投影下进行演示实验,也可以进行学生分组实验,效果明显。

(2)实验用时短,一组电解 20 秒左右就可以完成,效率高。且实验药品用量少,节约环保。

(3)用点滴板的两个孔将两个极分开,用纸条连接,可以防止氯气与产生的氢氧化钠反应而损失。

(4)用点滴板进行实验,底色白色,便于溶液颜色和气体颜色的观察。

(5)本实验将饱和食盐水的电解和氯气的性质实验有机地结合在一起,简洁高效,大大缩短了实验时间,提高了课堂教学效率。

(6)该实验现象色彩纷呈,能极大地激发学生的学习兴趣。同时采用生活中常见用品进行实验,使学生感到非常亲切,产生了浓厚的兴趣,教师可以积极引导学生将化学知识与生活实践相结合,培养学生核心素养。

参考文献

[1] 王祖浩.普通高中课程标准实验教科书·化学 1(必修)[M].南京:江苏教育出版社,2014:40.

[2] 李楠,罗兵,唐其生.电解饱和食盐水实验装置的新设计[J].化学教学,2019(4):66-69.

[3] 丁玲.适合学生探究的"电解饱和食盐水"微型创新实验设计[J].教育与装备研究,2019,35(08):29-30.

绿色化燃料电池简易装置

【摘　要】利用医院输液袋和石墨电极组装氢氧燃料电池装置,通过电解氢氧化钾溶液产生氢气和氧气,构建氢氧燃料电池。因体系密闭,输液袋透明和可膨胀等特点,可明显直观地观察到氢气和氧气的生成,同时气体不逸出,构建安全可控的绿色化氢氧燃料电池装置。

【关键词】燃料电池;简易装置;绿色化

一、问题的提出

　　燃料电池因其能量转换效率高、污染小、燃料可更换等优点,已经是科研工作的一大热点。苏教版《化学2》上利用电解 Na_2SO_4 溶液后电极上聚集的氢气和氧气再进行放电,来构建氢氧燃料电池,如图1。苏教版《化学反应原理》教材上给出了氢氧燃料电池的原理示意图,如图2。[1]通过翻阅人教版和鲁科版教材,发现其均以氢氧燃料电池为例进行原电池原理的教学。查阅大量的文献,发现都是以氢氧燃料电池作为实验研究的主方向。一般的改进以三个方向为主:(1)处理电极或改造电极。如陈洁汝等用海绵包裹碳棒,储气效果较好,放电明显[2];(2)改变电解质。如王坚老师选择饱和硫酸钾溶液,溶液导电性强[3];(3)改变装置。如陆仁华老师设计的新装置,耗时短,稳定性好[4];又如黄义丽老师设计的装置,实验现象明显[5]。但在实际教学中,实验仪器的组装相对较复杂且效果并不理想,下次再实验时,仍旧需要重新组装。能否用简单的生活化物品,组建绿色化的氢氧燃料电池简易装置?

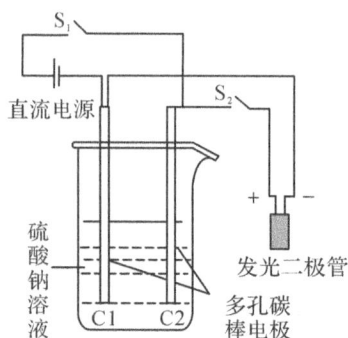

图1　燃料电池实验装置　　　　图2　氢氧燃料电池原理示意图

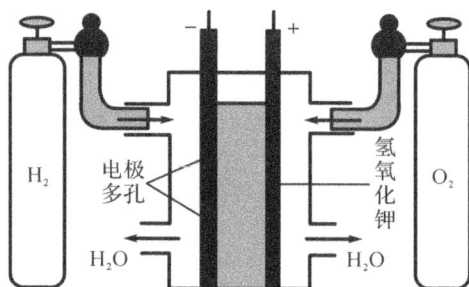

二、实验用品

100 mL 医用输液袋 2 只、石墨电极棒 2 根、学生电源、灵敏电流计、针筒、60%KOH 溶液、热熔胶、导线若干。

三、简易装置的制作

100 mL 医用输液袋上开口处插入预处理过的石墨电极(尽量插到输液袋底部),用热熔胶密封。输液袋顶端插入输液软管连通。用针筒抽气,使输液袋内形成真空环境。然后用针筒注入电解质溶液,形成封闭型氢氧燃料电池装置,如图3。

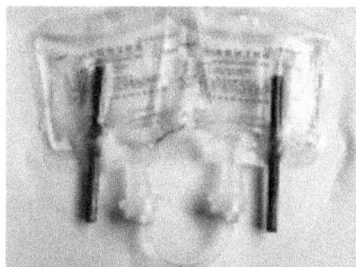

图3　燃料电池简易装置

四、实验操作与现象

1. 操作步骤

用针筒向输液袋内注入 70 mL 60% KOH 溶液,连接灵敏电流计进行空白实验。观察实验现象并记录灵敏电流计指针偏转示数。然后连接学生电源,使用16 V电压进行电解。出现明显的实验现象后,断开学生电源,连接灵敏电流计,观察实验现象并记录指针偏转示数。

用注射器抽出电解质,加入蒸馏水重复冲洗 3 次后,重新注入电解质,连接灵敏电流计再次进行空白实验。然后接通电源进行二次电解,出现明显现象后,断开电源,连接灵敏电流计,观察实验现象并记录指针偏转示数。

2. 实验现象

当接通电源,电解 2 分钟后电极棒上可看到明显的气泡冒出,如图 4。为使原电池反应明显,实验电解 5 分钟后断开电源。接通灵敏电流计,形成明显的燃料电池,如图 5。

图4 电解后电极棒上的气泡　　图5 电流计指针偏转　　图6 电流计指针偏转角度变小

二次电解 14 分钟后出现明显气泡,继续电解 5 分钟后,接通灵敏电流计,指针偏转角度明显偏小,如图 6。

五、实验装置的优点

1. 材料简单,现象明显

使用输液袋透明且体积可变,可以实时观察到实验现象。装置材料来源广,石墨电极棒可以选择 1 号电池内的石墨棒,可使用燃气灶反复灼烧处理,电流计可以用发光二极管替换(建议启辉电压<1.7 V)。

2.装置可重复利用

装置可实现电解和燃料电池的整合,装置密闭,可以进行有毒、污染体系的电解。如电解质更换成饱和食盐水,实现电解饱和食盐水。产生的氯气不逸出,能有效保证实验的绿色化。同时根据实验需要,更换不同的电解质溶液,可达到不同的实验目的。

3.发展学生化学学科核心素养

通过实验改进,实现装置的重复使用,发展学生科学探究与创新意识的化学学科核心素养;根据实验现象进行推理,养成学生用实验进行证实或证伪的证据推理能力;装置的微型化和绿色化,培养学生的社会责任意识。

本实验设计比较粗糙,还可深入进行研究,如电源电压的选择、KOH 浓度对实验的影响、氢氧燃料电池放电电压测定等,以便找到更适合的实验条件,使实验更完善。

参考文献

[1] 王祖浩.普通高中课程标准实验教科书·化学 2(必修)[M].南京:江苏教育出版社,2018:42-43.

[2] 陈洁汝,葛广宙,詹学斌.氢氧燃料电池的创新实验[J].中学化学教学参考,2018(15):35-36.

[3] 王坚.氢氧燃料电池实验的改进[J].化学教与学,2017(9):96-95.

[4] 陆仁华.氢氧燃料电池实验的系列改进及其对实验教学的启示[J].中学化学教学参考,2010(4):39-41.

[5] 黄义丽,许燕红.氢氧燃料电池装置的设计[J].实验教学与仪器,2017,34(1):37.

(发表于《实验教学与仪器》2020 年第 7—8 期)

第三章
条件创新

　　任何化学实验都是在一定的实验条件下才能进行的,控制实验条件是化学实验最为突出的一个特点。化学实验条件,是指与特定化学实验对象相联系,并对其状态、性质和变化发生影响的诸因素的总和。化学实验条件主要分为化学实验试剂、化学实验仪器和装置、化学实验操作三大类。当反应物确定之后,实验条件只有通过物质的本质属性或内部结构起作用,它是物质发生变化的外因。任何一个化学实验,实验条件有主次之分;实验条件不同,实验结果也可能不一样。条件创新类实验指通过改变实验条件(如反应的温度、反应物浓度、催化剂和反应的溶剂等),运用各种不同的实验比较法,来探寻最佳实验条件,使之符合课堂演示或学生实验要求的一类实验。本章的创新实验,如应用超分子化学知识,借助以 18-冠醚-6 做相转移催化剂,破解甲苯使高锰酸钾溶液褪色速率慢、效果不明显的难题。又如以无机盐为催化剂改进乙酸乙酯制备实验的研究等,这些实验可作为学生开展项目式学习的教学资源。通过实验创新,转变学生的学习方式,发挥实验的育人价值。作为条件创新之一的装置创新内容较多,已在上一章单独进行讨论。

甲苯使酸性高锰酸钾溶液褪色实验的改进

【摘　要】针对教材中"甲苯使酸性高锰酸钾溶液褪色"实验现象不明显的问题,通过分析其原因,进行了实验改进,以18-冠醚-6做相转移催化剂,使原本在两相界面的氧化反应转移到有机相中进行。采用控制单一变量的科学探究法,从改变反应温度、氧化剂浓度及催化剂用量等方面,开展实验探索,获得适合课堂教学演示实验的反应条件。此实验改进成果应用于课堂教学,有利于培养学生思维能力,发展学生化学学科核心素养。

【关键词】甲苯;高锰酸钾溶液褪色;相转移催化剂;实验改进

一、问题的提出

现行苏教版《有机化学基础》(选修)"芳香烃"的教学中,为了研讨苯同系物的化学性质,在"观察与思考"栏目增加了甲苯、二甲苯被酸性高锰酸钾溶液氧化的实验。[1]顺利完成这两个实验是苯环对其侧链化学性质影响使侧链变得更活泼的最有力的证据,从而进一步讨论有机物基团间的相互影响,也是学习苯同系物的化学性质及其应用的基础。然而,常温下和水浴加热(80℃)条件下,分别取3滴0.05 mol·L^{-1}、0.02 mol·L^{-1}、0.01 mol·L^{-1}、0.005 mol·L^{-1} 4种不同浓度的酸性高锰酸钾溶液,滴入各盛有2mL甲苯的4支试管中进行实验,至少在5分钟内看不到甲苯使高锰酸钾溶液褪色的迹象,本实验如用二甲苯均能得到满意实验效果。这说明:无论在常温下还是加热条件下,甲苯被酸性高锰酸钾氧化的反应速率实在太慢,以致在有限的时间内观察不到酸性高锰酸钾溶液褪色的现象,有必要对教材上这一实验进行改进。

甲苯与酸性高锰酸钾溶液反应的化学方程式为:

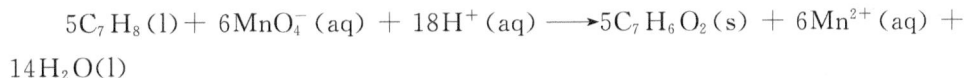

$$5C_7H_8(l) + 6MnO_4^-(aq) + 18H^+(aq) \longrightarrow 5C_7H_6O_2(s) + 6Mn^{2+}(aq) + 14H_2O(l)$$

我们知道，发生化学反应的先决条件是反应物的分子（或离子）直接碰撞，碰撞机会越多，反应可能会越快。酸性高锰酸钾溶液与甲苯互不相溶，分属于水相、有机相，具有强氧化性的 MnO_4^- 离子与有机分子（甲苯分子）碰撞机会少，况且 MnO_4^- 离子在水溶液中是水合离子，周围被水分子包围，与有机分子直接接触更困难，导致两者反应缓慢。增加氧化剂浓度或加热可加快反应，但短时间也看不到实验现象——紫色变浅或褪去，且占用较多课堂教学时间。

解决问题的关键是通过怎样的方法增加 MnO_4^- 离子与有机分子的直接接触机会，或通过怎样的手段使 $KMnO_4$ 或 MnO_4^- 离子能"溶于"甲苯，从而使氧化反应在有机相（均相）中进行。

二、实验原理

一种固体无机化合物或它的水溶液与另一溶于非极性溶剂的物质混在一起，因两者分别处于互不相溶的两相（固—液两相或液—液两相），难以发生化学反应。要使它们发生反应的新的办法是应用相转移催化作用，即在两相体系中加入少量在有机相和水相中都能溶的试剂（称相转移催化剂），它可穿过两相之间的界面把反应实体（如 MnO_4^-）从水相转移到有机相中，使它与底物（有机溶剂中的溶质或纯有机溶剂）反应，并把反应中生成的另一种阴离子带回水相中，而相转移催化剂没有损耗，只是重复地起"运送"阴离子的作用。[2]

本实验所用的相转移催化剂是18-冠醚-6，其分子结构如图1所示：

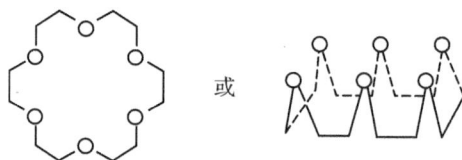

图1 18-冠醚-6 分子结构

18-冠醚-6分子结构的最大特点是分子内有大的空穴，空穴大小260—320 pm，空穴的一边均匀分布着负电荷密度大的 6 个氧原子，这种特殊的结构决定了它具有特殊的化学性质——很强的配合能力，如与钾离子（直径 266 pm）形成配合物的稳定常数 lg K = 6.1。[3]

在溶有18-冠醚-6的甲苯溶液中，滴入高锰酸钾溶液，冠醚环上氧原子的孤对电子与 K^+ 离子配位，形成稳定配合物，可形象地表示为"钾离子落到分子中心的洞穴里",并利用冠醚配离子对有机溶剂的亲和性,使得钾离子从水溶液转移到有机溶剂,带负电荷的 MnO_4^- 离子也随之进入有机溶剂中,形成如下结构:

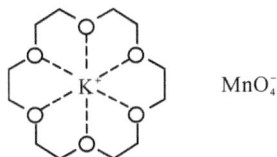

图 2　18-冠醚-6 与 K$^+$ 形成配位化合物

18-冠醚-6 使高锰酸钾间接地"溶于"甲苯,这时的 MnO_4^- 离子完全是裸露的自由的阴离子,没有溶剂化的影响,因而氧化能力更强。MnO_4^- 离子被甲苯还原后,由于正负电荷的抗衡作用,配合了 K$^+$ 离子的 18-冠醚-6 有机配离子往返"运送"水相中的 MnO_4^- 离子到有机相(甲苯)中,氧化反应继续进行,而 18-冠醚-6 没有损耗,最终高锰酸钾溶液褪色。

三、实验药品与仪器

高锰酸钾、18-冠醚-6、甲苯(以上 3 种药品均为分析纯试剂)、蒸馏水、温度计、试管、烧杯、量筒、电子天平、药匙、玻璃棒、胶头滴管、热水。

四、实验改进

1. 实验准备

先配制浓度为 0.05 mol·L^{-1} 的高锰酸钾溶液 50 mL,再取部分配制好的溶液用蒸馏水稀释成 0.02 mol·L^{-1}、0.01 mol·L^{-1}、0.005 mol·L^{-1} 3 种不同浓度的高锰酸钾溶液。

用量筒取 30 mL 甲苯于 50 mL 小烧杯中,加入 0.9 g 18-冠醚-6 晶体,搅拌,使其充分溶解,得冠醚的甲苯溶液(A 溶液)。再分别取 30 mL 甲苯,用同样方法配制含有 1.8 g 和 3.6 g 18-冠醚-6 的两种甲苯溶液,得 B 溶液、C 溶液。

2. 实验过程与现象

(1)实验 1

取 4 支试管,向其中分别加入 2 mL 冠醚的甲苯溶液(A 溶液),再分别滴加

3滴上述4种浓度的高锰酸钾溶液,振荡,观察现象。分别用B溶液、C溶液重复上述实验操作,观察现象。(见表1)

表1   常温下不同浓度冠醚的甲苯溶液与高锰酸钾溶液反应现象

高锰酸钾溶液	0.05 mol·L⁻¹	0.02 mol·L⁻¹	0.01 mol·L⁻¹	0.005 mol·L⁻¹
A溶液	5分钟无变化	3分钟略微褪色 5分钟明显褪色	2分钟略微褪色 5分钟明显褪色	1.5分钟明显褪色 4分钟几乎完全褪色
B溶液	5分钟较明显褪色	2分钟略微褪色 5分钟几乎完全褪色	1.5分钟略微褪色 5分钟完全褪色	1分钟明显褪色 3分钟几乎完全褪色
C溶液	4.5分钟明显褪色	1分钟略微褪色 4.5分钟几乎完全褪色	1分钟略微褪色 4分钟完全褪色	1分钟明显褪色 3分钟几乎完全褪色

上述实验溶液紫色褪去的同时,下层(水层)还出现棕色浑浊。

(2)实验2

50℃水浴加热下,每次实验取冠醚的甲苯溶液2 mL,高锰酸钾溶液3滴,现象记录如下。(见表2)

表2   50℃水浴加热,不同浓度冠醚的甲苯溶液与高锰酸钾溶液反应现象

高锰酸钾溶液	0.05 mol·L⁻¹	0.02 mol·L⁻¹	0.01 mol·L⁻¹	0.005 mol·L⁻¹
A溶液	3分钟明显褪色	2.5分钟几乎完全褪色	2分钟完全褪色	1分钟完全褪色
B溶液	2分钟明显褪色 4分钟几乎完全褪色	2分钟完全褪色	1.5分钟完全褪色	1分钟完全褪色
C溶液	3分钟几乎完全褪色	1.5分钟完全褪色	1分钟完全褪色	40秒左右完全褪色

上述实验溶液紫色褪去的同时,下层(水层)还出现棕色浑浊。

(3)实验3

80℃水浴加热,不同浓度冠醚的甲苯溶液与不同浓度高锰酸钾溶液反应。实验结果,0.005 mol·L⁻¹、0.01 mol·L⁻¹、0.02 mol·L⁻¹高锰酸钾溶液半分

钟左右完全褪色,0.05 mol·L⁻¹高锰酸钾溶液1分钟左右完全褪色,溶液褪色的同时下层(水层)均出现棕色浑浊。

实验说明:

(1)在常温下和水浴加热条件下,将适量18-冠醚-6晶体放入不同浓度的高锰酸钾溶液,实验发现溶液不褪色,说明18-冠醚-6与高锰酸钾不发生反应。

(2)高锰酸钾溶液紫色褪去时,由于各人对略微褪色、较明显褪色、明显褪色、完全褪色的判断标准可能不一致,在褪色时间判断上可能有一定的偏差,但整体上不影响实验结果。

(3)醚官能团在强酸性且加热环境下结构不稳定,为避免影响实验效果,本实验所用的高锰酸钾溶液没有加硫酸酸化。本实验中的棕色沉淀是高锰酸钾的还原产物二氧化锰。

3.实验结果

基于上述实验探索,化学教材上的实验可改为:取1支试管,向其中加入1—2粒绿豆大小的18-冠醚-6晶体,再向试管中加入2 mL甲苯,振荡,使其全部溶解,得冠醚的甲苯溶液(冠醚浓度相当于上述实验B溶液或C溶液浓度)。在所得溶液中滴加3滴高锰酸钾溶液(中性),振荡试管,观察实验现象。必要时把试管放入50℃以上的水浴中加热,观察实验现象。高锰酸钾溶液浓度应控制在0.02 mol·L⁻¹及以下为宜,实验时间短,现象明显。教师也可以根据教学实际需要,将实验改成学生研究性学习项目:控制实验变量,研究单一条件(温度、氧化剂浓度、催化剂用量)改变对反应速率的影响,从而探究影响化学反应速率的外部因素,寻找甲苯使高锰酸钾溶液褪色的合适条件,培养学生科学探究能力。

五、课堂应用与反思

课堂教学中,首先按照教材上的实验方案进行演示,并与二甲苯进行对比,不理想的实验效果激发学生进一步探究的欲望。根据影响化学反应速率的因素,引导学生进行分析讨论,认识影响化学反应的条件是复杂的,同时是可以控制的。在控制单一变量的科学探究中,获得理想的化学实验效果,不仅体现化学理论对化学实践的指导作用,更培养学生敢于质疑、勇于创新的思维品质和严谨求实的科学态度。

新版《普通高中化学课程标准》"物质结构与性质"模块增加了"超分子、聚集态"等教学内容[4]，丰富了中学教育所应认识的微粒种类，这是化学科学发展对中学教育提出的新要求，化学教师应积极探索化学新知识、新技术在日常教学中的应用。本实验涉及超分子化学领域，18-冠醚-6 是主体，钾离子是客体，主客体通过配位键形成了超分子，18-冠醚-6 在反应中起到相转移催化作用。由此可见，化学教师必须紧跟时代步伐，加强化学学科新知识的学习，积极改进并开发能体现化学学科特色、融入前沿学科知识的创新实验，发展学生化学学科核心素养。

参考文献

[1] 王祖浩.有机化学基础(选修)[M].4 版.南京:江苏教育出版社,2014:52.

[2] 邢其毅,徐瑞秋,周政,等.基础有机化学(上册)[M].2 版.北京:高等教育出版社,1993:423.

[3] 斯蒂德,阿特伍德.超分子化学[M].赵耀鹏,孙震,译.北京:化学工业出版社,2006:81-82,87.

[4] 中华人民共和国教育部.普通高中化学课程标准(2017 年版)[S].北京:人民教育出版社,2018:43-44.

（发表于《化学教学》2019 年第 1 期）

洗衣机槽清洁剂的妙用两则

【摘　要】铝在氧气中燃烧和铝热反应是中学化学中两个关于铝的重要实验。对以上两个实验进行改进，采用粉笔为实验载体，用洗衣机槽清洁剂作为供氧剂，将生活物品应用到课堂演示实验，提高成功率和安全性，体现化学与生活的紧密联系。

【关键词】洗衣机槽清洁剂；演示实验；改进

一、问题的提出

高中化学演示实验中，有关铝的两则实验比较难操作：一是铝在氧气中的燃烧实验。查找相关研究发现，该实验由于铝箔很难被引燃，通常改进的方向是找到合适的引燃物或者用铝条、铝粉来代替铝箔，而实际上氧气是否足量也是实验能否成功的影响因素之一。若采用引燃物（如火柴、棉花、纸条等），在燃烧时必然会额外消耗氧气。通过改变氧气的产生方式，使集气瓶中能维持一定量氧气，则大大提高实验的成功率。二是铝热反应实验，该实验由于反应剧烈，产生大量的热，生成的高温熔融物容易出现喷溅，易引发烫伤和燃烧，有一定的危险性，因此上课时不能在讲台上进行演示。而且引发实验通常采用点燃镁条的方式，产生的强光容易灼伤眼睛，不利于现象观察。该实验的改进方向通常是改变引燃方式（比如用浓硫酸和甘油等），或者实验装置中不采用纸漏斗，防止引发燃烧等。若在改变引燃方式的基础上进行微型化处理，实验的安全性会得以提高。

二、实验原理

家用洗衣机槽清洁剂用于洗衣机内桶夹层清洁、去污、除菌，其主要成分为过碳酸钠、表面活性剂和螯合物等。过碳酸钠($2Na_2CO_3 \cdot 3H_2O_2$)俗称固体双氧水,白色固体,溶于水后迅速分解成碳酸钠和双氧水,双氧水在碱性条件下进一步分解释放出氧气。利用该性质,设计铝粉燃烧实验时,用洗衣机槽清洁剂作为供氧剂。在铝热反应实验中则用洗衣机槽清洁剂代替氯酸钾。

三、实验改进

(一)铝粉在氧气中燃烧的改进

1. 实验用品

洗衣机槽清洁剂、铝粉、无水乙醇、水、白粉笔、培养皿、坩埚钳、火柴、酒精灯、药匙。

2. 步骤及现象

(1)在集气瓶中加入 5 药匙已经研细的洗衣机槽清洁剂,加 50—60℃水至刚浸没固体,瓶内立即产生大量微小气泡(30 秒左右氧气可以充满集气瓶)。

(2)取 1 支白粉笔,将其一端浸泡在盛有无水乙醇的培养皿中,用坩埚钳小心夹取粉笔,用粉笔的一端蘸上铝粉。[1][2]

(3)用坩埚钳夹持该粉笔在空气中点燃,然后伸入充满氧气的集气瓶中,立刻观察到铝粉剧烈燃烧,发出耀眼的白光。[3][4]

3. 改进后优点

(1)氧气不需要提前制备,实验准备容易,原料消耗少。若需加快氧气生成速率,只要加入少许二氧化锰即可。

(2)反应过程中,集气瓶内始终有氧气生成,确保实验所需氧气充足,实验成功率高。

(3)操作简单,现象明显,且洗衣机槽清洁剂和粉笔都是生活中的用品,有利于学生体会化学与生活的密切联系。

(4)实验安全性较高,可用于学生分组实验。

(二)铝热反应的改进

1. 实验用品

洗衣机槽清洁剂、铝粉、氧化铁粉末、无水乙醇、白粉笔、培养皿、石棉网、药匙、研钵、坩埚钳、火柴。

2.步骤及现象

(1)取一段(或整支)白粉笔,用小刀挖出一个宽约 6 mm、深约 2 mm 的浅槽,再将粉笔另一侧面磨平(粉笔截面如图 1 所示),然后将粉笔浸泡在盛有无水乙醇的培养皿中。[5]

图 1 粉笔截面示意图

(2)取出浸透乙醇的粉笔,向槽中铺一薄层事先研细的洗衣机槽清洁剂,压实,再在上面铺一层铝热剂(铝粉和氧化铁按质量比约 5∶2 混合),最上面再铺一层洗衣机槽清洁剂。药品上滴入 1 滴管无水乙醇。

(3)用坩埚钳夹持装好药品的粉笔,点燃后置于石棉网上。约 20 秒后,剧烈反应,放出大量光和热,有黑色物质生成。冷却后,黑色物质能被磁铁吸引。

3.改进后优点

(1)以粉笔为支持物,装置简单。

(2)没有点燃镁条,不会产生大量耀眼白光,刺激眼睛。也不使用滤纸折的漏斗,避免滤纸燃烧产生黑色物质带来的现象干扰。

(3)药品用量少,实验较安全,可进行学生分组实验,便于观察。

(4)过碳酸钠相比于氯酸钾能在更低温度下分解产生氧气。

四、教学反思

1.课本实验的改进和创新,是课堂教学演示的需要

查阅资料后发现,关于"铝在氧气中燃烧"在知网上能搜索到 17 条相关改进的文献,关于"铝热反应实验改进"能搜索到约 40 条相关文献,用粉笔做载体的实验改进能搜索到至少 10 条相关文献。一线教师都在积极改进课堂演示效果,可见化学演示实验的简易化、绿色化、安全化是课堂实验教学中关注的要点。化学是一门以实验为基础的学科,教师在课堂教学中应充分发挥实验的教学功能,实事求是,不断学习,突破课本局限,勇于对教材实验进行改革和创新,提高自身的专业水平。

2.课本实验的改进和创新,是化学走向生活的需要

化学与生活紧密联系,生活中处处有化学,化学课堂也应该充满生活气息。粉笔是教室中最常见的物质,性质稳定,又具有良好的吸附性,价廉易得,适合做实验的器材。洗衣机槽清洁剂则是家庭生活中常见的物质,利用其有效成分进行化学实验,可增强学生的好奇心,激发学习化学的兴趣。课本实验方案并不是唯一方案,通过对课本实验中药品的替换、装置的改进,发展教师的创新思维,提升化学课的魅力,体现化学在生活中的无处不在。

参考文献

[1] 汪永彦.巧用生活用品对几则高中化学实验进行改进[J].实验教学与仪器,2016(6):22-23.

[2] 李丽花.例谈粉笔在化学实验中的妙用[J].化学教与学,2013(1):97.

[3] 王永臻,魏海,马逸群,等."金属铝在氧气中燃烧"的几种成功做法[J].化学教与学,2018(7):93-94.

[4] 张宇凡,薛桂凤.巧用粉笔改进两则化学演示实验[J].实验教学与仪器,2010(4):21.

[5] 袁东霞,郭宝峰.以粉笔为载体的几则高中化学实验改进[J].化学教育,2010(9):72.

（发表于《中国现代教育装备》2020 年第 16 期）

以无机盐为催化剂改进乙酸乙酯制备实验的研究

【摘　要】针对浓硫酸催化乙酸乙酯制备实验中存在的问题，研究使用无机盐催化剂改进乙酸乙酯制备实验。通过不同无机盐催化效果的对比，确定 $AlCl_3$ 和 $Fe_2(SO_4)_3$ 是合适的催化剂；通过对催化剂用量的研究发现只需要用 1 mmol 的催化剂即可达到理想的实验效果，而且催化剂重复使用仍可以达到比较好的实验效果，同时也分析了吸水剂对乙酸乙酯制备反应的影响。

【关键词】无机盐；催化剂；乙酸乙酯制备实验；改进

一、问题的提出

乙酸乙酯制备实验是中学有机化学中的一个重要实验，涉及官能团的转化、碳链的增长、催化剂的使用、生活现象的解释和应用等。[1]现行高中化学教材中关于乙酸乙酯的制备实验都采用了大致相同的方案：取一定量的乙醇和乙酸，用浓硫酸做催化剂，用酒精灯加热，将产生的蒸气通过导管引流到饱和碳酸钠液面上方。[2][3][4]该实验方法具有搭建装置简单、实验现象容易观察等优点，但同时也存在一定的缺点：①由于浓硫酸的强氧化性和脱水性，反应后的溶液容易出现变黑炭化的现象；②人教版和苏教版《化学 2》乙酸乙酯制备实验中[2][3]，乙醇、乙酸、浓硫酸的用量分别为 3 mL、2 mL、2 mL，换算成物质的量分别为 0.053 mol、0.035 mol、0.037 mol，浓硫酸的用量和乙酸的用量相当，作为催化剂的浓硫酸用量偏多；③催化剂浓硫酸不能重复使用。

近年来，很多教师也对这一经典实验进行了改进，主要集中在两个方面：一方面是选择新型的催化剂[5-7]，另一方面是改进实验装置[8][9]。但是这些改进实验也存在一些问题，如用固体酸做催化剂[5][7]虽然可以实现催化剂的回收，但是制备催化剂比较麻烦；又如，改进实验装置后虽然可以提高乙酸乙酯的产率，但是搭建装置比较耗时，实验时间长[9]。

根据资料[10]，无机盐类路易斯酸也可以催化乙酸乙酯的合成。因此，我们设想在不改变教材实验装置、反应物用量及实验方案的前提下，研究使用无机盐类催化剂改进乙酸乙酯制备实验。

二、无机盐催化乙酸乙酯制备实验研究

1.无机盐的选择

根据路易斯酸碱理论，所有的阳离子均是路易斯酸。因此我们选用实验室常见的无机盐包括钠盐、铁盐、铝盐、铜盐、钙盐等盐类进行试验。从酸根阴离子的角度看，硝酸盐有强氧化性可以氧化乙醇不宜做催化剂，碳酸盐会与乙酸反应也不宜做催化剂，因此，我们选用硫酸盐和盐酸盐进行研究。

2.实验方法

(1)实验仪器和药品。

仪器：大试管、小试管(直径 1.5 cm)、铁架台、长导管、橡胶塞、酒精灯、石棉网。

药品：无水乙醇、冰醋酸、饱和碳酸钠溶液、沸石、Na_2SO_4、$NaCl$、$FeCl_3 \cdot 6H_2O$、$AlCl_3$、$CuCl_2 \cdot 2H_2O$、$CaCl_2$、$ZnCl_2$、$MgCl_2 \cdot 6H_2O$、$Fe_2(SO_4)_3$、$CuSO_4$、$CaSO_4 \cdot 2H_2O$、$ZnSO_4 \cdot 7H_2O$、$MgSO_4 \cdot 7H_2O$、$Al_2(SO_4)_3 \cdot 18H_2O$。

(2)实验方案。

向大试管中加入一定量的无机盐催化剂，再加入 3 mL 无水乙醇和 2 mL 冰醋酸，按图 1 所示连接好装置。用酒精灯小心均匀地加热试管 3—5 分钟，产生的蒸气经导管通到饱和碳酸钠溶液的液面上。

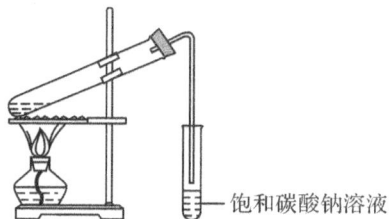

饱和碳酸钠溶液

图 1　实验装置图

3.实验结果分析

(1)不同无机盐的影响。

选用不同的无机盐作为制备乙酸乙酯的催化剂，催化剂用量为 3 mmol(以阳离子计,下同)进行对比实验,得到不同无机盐催化下酯层高度如表 1 所示。

表 1 不同无机盐催化剂对制备乙酸乙酯反应的影响

无机盐	酯层高度(cm)	无机盐	酯层高度(cm)
$FeCl_3 \cdot 6H_2O$	2.7	$Fe_2(SO_4)_3$	2.4
$AlCl_3$	3.2	$Al_2(SO_4)_3 \cdot 18H_2O$	0.0
$CuCl_2 \cdot 2H_2O$	2.2	$CuSO_4$	0.0
$CaCl_2$	0.9	$CaSO_4 \cdot 2H_2O$	0.0
$ZnCl_2$	0.4	$ZnSO_4 \cdot 7H_2O$	0.0
$MgCl_2 \cdot 6H_2O$	0.4	$MgSO_4 \cdot 7H_2O$	0.0
$NaCl$	0.0	Na_2SO_4	0.0

由表 1 中数据可知,相同金属离子的盐类,盐酸盐的催化效果明显优于硫酸盐,硫酸盐仅 $Fe_2(SO_4)_3$ 的催化效果较好,其他硫酸盐几乎不催化乙酸乙酯的合成反应。同为盐酸盐,$FeCl_3 \cdot 6H_2O$、$AlCl_3$、$CuCl_2 \cdot 2H_2O$ 做催化剂时酯层高度可达 2.0 cm 以上,实验效果佳。

不同无机盐催化乙酸乙酯制备实验效果的差异可能和无机盐接受孤电子对的能力以及无机盐在乙醇、乙酸体系中的溶解度有关。根据 $AlCl_3$ 催化乙酸乙酯的反应历程[10](见图 2)和反应过程中的能量图像[1](见图 3)可知,乙酸中的羰基被路易斯酸活化是反应决定步骤之一,$FeCl_3$、$AlCl_3$、$CuCl_2$ 都是有机反应中常用的路易斯酸催化剂,都有较强的接受孤电子对的能力,它们可以与乙酸羰基中的氧的孤电子对配位从而活化羰基,使得乙醇更易加成到羰基碳上。且 $FeCl_3 \cdot 6H_2O$、$AlCl_3$、$CuCl_2 \cdot 2H_2O$ 均易溶于本反应体系,使得乙酸与这三种催化剂的接触面积增大,加快反应速率,因此这三种盐酸盐相较于其他的盐酸盐(接受电子能力弱)和硫酸盐(溶解度小)的催化效果更好。$Fe_2(SO_4)_3$ 在本实验中表现出较好的催化能力,一方面与 Fe^{3+} 比 Al^{3+}、Cu^{2+} 有更好的接受电子的能力有关,另一方面与 $Fe_2(SO_4)_3$ 微溶于乙醇有关。

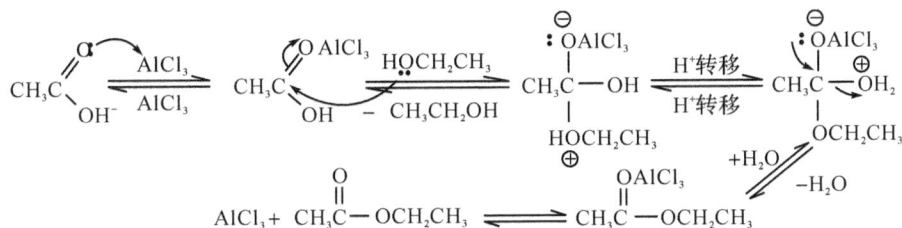

图 2 $AlCl_3$ 催化的酯化反应历程

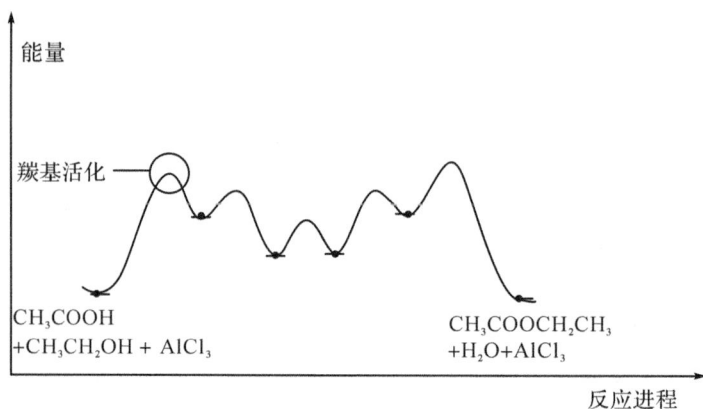

图3　乙酸乙酯制备过程中的能量图像

从反应后大试管中残留液的颜色看（见图4），$AlCl_3$ 和 $Fe_2(SO_4)_3$ 催化的酯化反应残留液略带黄色，没有变黑。$CuCl_2 \cdot 2H_2O$ 催化的残留液因盐部分溶解在残留液中而呈绿色，这对观察残留液的颜色不利；同时，铜离子是一种重金属离子，不够环保，因此，$CuCl_2 \cdot 2H_2O$ 不宜选作本实验催化剂。$FeCl_3 \cdot 6H_2O$ 催化的残留液也因盐的溶解呈深红棕色，同样对判断残留液的是否变黑炭化不利。因此，从产物的产量和残留液的颜色看，$AlCl_3$ 和 $Fe_2(SO_4)_3$ 是合适的催化剂。

图4　不同无机盐催化的乙酸乙酯制备实验的残留液

（2）催化剂用量的影响。

以 $AlCl_3$ 和 $Fe_2(SO_4)_3$ 为催化剂，分别选择催化剂用量为 1 mmol、3 mmol、5 mmol 进行对比实验，得到不同用量的两种催化剂对制备乙酸乙酯反应的影响如表2。

表 2 催化剂用量对制备乙酸乙酯反应的影响

催化剂	用量（mmol）	酯层高度（cm）	催化剂	用量（mmol）	酯层高度（cm）
AlCl₃	1	2.1	Fe₂(SO₄)₃	1	2.1
	3	3.2		3	2.4
	5	3.5		5	2.4

由表 2 数据可知，当这两种盐的用量为 1 mmol 时均能收集到较多的乙酸乙酯；增大催化剂用量，以 $AlCl_3$ 为催化剂时得到的酯明显增加，而以硫酸铁为催化剂时酯层高度增加不明显，这可能和硫酸铁在醇酸体系中溶解度较小有关。因此，在课堂演示实验中，我们只需要采用 1 mmol 的催化剂用量即可，这大大节省了催化剂的用量。

（3）催化剂重复使用次数的影响。

以 $AlCl_3$ 和 $Fe_2(SO_4)_3$ 为催化剂制备乙酸乙酯，由于反应液不炭化变黑，残留液体为有机物和催化剂的混合物，将有机物蒸出，催化剂即可重复使用。选择催化剂用量为 3 mmol，研究 $AlCl_3$ 和 $Fe_2(SO_4)_3$ 催化剂重复使用次数对制备乙酸乙酯的影响，得到结果如表 3。

表 3 催化剂重复使用次数对制备乙酸乙酯反应的影响

无机盐	使用次数	酯层高度（cm）
AlCl₃	1	3.2
	2	3.2
	3	2.6
	4	1.2
Fe₂(SO₄)₃	1	2.4
	2	2.2
	3	2.1
	4	2.1

由表 3 数据可知，$AlCl_3$ 催化剂使用 2 次，其催化效率几乎不受影响，随着重复使用次数的增加，催化效率下降，当使用到第 4 次时催化能力明显减弱，这可能与 $AlCl_3$ 水解程度增大有关。$Fe_2(SO_4)_3$ 催化剂重复使用 4 次，催化效果略有降低，但仍能很好地完成演示实验。

（4）吸水剂的影响。

在乙酸乙酯制备实验中将水带出反应物体系可以促使合成乙酸乙酯的平衡正移，增大产率。因此，用浓硫酸催化乙酸乙酯的制备实验中，我们常认为浓硫酸有两个主要的作用：催化剂和吸水剂。浓硫酸的催化作用毋庸置疑，但是是否必须使用浓硫酸进行吸水值得商榷。从表 1 中数据可知，$FeCl_3 \cdot 6H_2O$ 和 $CuCl_2 \cdot 2H_2O$ 均带有结晶水，因此这两者无吸水性，同时，$AlCl_3$ 和 $Fe_2(SO_4)_3$ 的吸水能力也不强，但是在这些催化剂作用下都能得到较多的乙酸乙酯。因此，吸水剂在乙酸乙酯合成反应中不是必需的。从表 4 中相关物质沸点数据可知，制备乙酸乙酯过程中生成的水大部分都已经与乙酸乙酯或与乙酸乙酯和乙醇形成共沸混合物而蒸出体系，因此制备乙酸乙酯的实验中吸水剂的存在不是必需的。

表 4　乙酸乙酯制备反应中相关物质的沸点[11]

纯物质	沸点（℃）	共沸混合物（质量分数）	沸点（℃）
乙醇	78.3	乙酸乙酯（0.92）＋水（0.08）	70.4
乙酸	117.9	乙酸乙酯（0.69）＋乙醇（0.31）	71.8
乙酸乙酯	77.1	乙酸乙酯（0.83）＋乙醇（0.08）＋水（0.09）	70.2

4. 实验结论

通过以上研究和分析可知，我们可以将乙酸和乙醇制备乙酸乙酯实验中的催化剂改为 $AlCl_3$ 或 $Fe_2(SO_4)_3$，使用 1 mmol 催化剂时即能得到较厚的酯层，同时，反应后剩余残留液没有炭化变黑，无机盐催化剂经过简单的回收可以重复使用。

三、实验改进的意义

安全、环保、节约是化学实验的基本原则，也是新课程改革的基本要求。以 $AlCl_3$、$Fe_2(SO_4)_3$ 为催化剂，催化剂用量降至 1 mmol，与使用 37 mmol 浓硫酸相比，用量大大降低，同时，用无机盐为催化剂还可以将催化剂重复使用，更加环保、安全。使用盐类催化乙酸乙酯的制备也减少了反应过程中的副反应，使得反应液没有炭化变黑，减少对学生研究该反应的干扰。

本文的研究内容——无机盐对乙酸乙酯制备实验的影响，可以开发成项目式学习的内容。通过对乙酸乙酯制备实验装置的改进、条件的控制、催化剂的选择、催化剂的回收、工业制备现状等一系列内容的探究与体验,学生了解到催化剂的选择对实验的重要影响,明白实验条件的控制对科学研究的意义,在实际问题的解决中提升学生化学学科的核心素养。

参考文献

[1] 刘敏,魏良怡.乙酸乙酯制备演示实验的再改进设计[J].化学教学,2015(12):65-67.

[2] 王祖浩.普通高中课程标准实验教科书·化学2(必修)[M].南京:江苏教育出版社,2015:71.

[3] 王晶,等.普通高中教科书·化学(必修)第二册[M].北京:人民教育出版社,2019:80.

[4] 王磊,等.普通高中教科书·化学(必修)第二册[M].济南:山东科学技术出版社,2019:107.

[5] 黄婷,周丽英,熊建蓉,等.H_2SO_4-硅胶固体酸催化乙醇和乙酸的酯化反应实验[J].化学教学,2013(6):44,78.

[6] 庭开军.乙酸乙酯制法的实验改进与催化剂探究[J].中学化学教学参考,2015(7):61-62.

[7] 陶鸣鸣,阳志高.活性炭负载硫酸催化剂对合成乙酸乙酯实验的改进[J].中学化学教学参考,2015(8):61-62.

[8] 李嘉.乙酸乙酯制备实验的微型化改进[J].化学教育,2018(15):76-77.

[9] 杨玉峰.乙酸乙酯制备演示实验的新设计[J].化学教学,2019(3):67,68,71.

[10] 刑其毅,裴伟伟,徐瑞秋,等.基础有机化学上册[M].4版.北京:北京大学出版社,2016:531.

[11] 迪安.兰氏化学手册[M].13版.北京:科学出版社,1991:1703,1705,1711.

(发表于《中学化学教学参考》2020年第10期)

乙醇消去反应的实验改进

【摘　要】分析乙醇消去反应使用浓硫酸及P_2O_5做催化剂的不足之处,研究了不同温度下使用不同类型的Al_2O_3作为催化剂的效果。结果发现在300℃左右,使用铝汞齐产生的Al_2O_3做催化剂具有实验安全、反应时间短、现象更明显的特点。

【关键词】乙醇消去反应;催化剂;铝汞齐;实验改进

一、问题的提出

乙醇消去反应是高中化学重难点知识。在高中化学乙醇消去制乙烯的实验中,一般使用浓硫酸做催化剂。由于浓硫酸具有强氧化性,常常会将乙醇氧化生成炭黑,同时生成其他气体杂质。对学生观察实验现象和判断反应产物有很大的干扰。为了克服这些缺点,苏教版《有机化学基础》中使用P_2O_5为催化剂制取乙烯气体[1](见图1)。

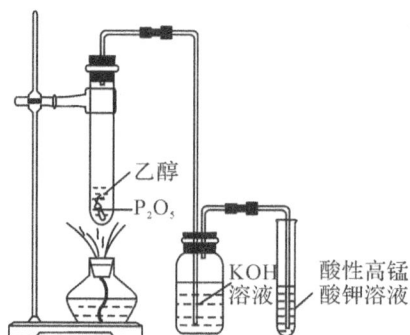

乙醇
P_2O_5
KOH溶液
酸性高锰酸钾溶液

图1　乙醇脱水实验装置

陆燕海、王强等人发现教材上实验装置的不足,并对加热方式进行了改进,使用 150℃的甘油浴加热。[2]陈雨、丁伟等人发现 P_2O_5 催化乙醇消去速度非常快,因此日常的实验难以将生成的乙烯捕捉,导致中学演示实验中没有明显的实验现象。他们使用 Y 形管将实验装置改进为密闭的体系,不仅实验现象明显,而且能够显著提高实验的成功率。[3]这些都是很好的尝试,但是笔者发现中学化学实验室几乎找不到 P_2O_5。查阅《危险化学品名录》可知,P_2O_5 为第 8.1 类酸性腐蚀品,属于管制品。

高中化学课堂基本无法实现用 P_2O_5 催化乙醇消去实验的演示,好在教材指出用 Al_2O_3(400℃左右)也可催化乙醇的消去,但是应该选用怎样的装置? 实验条件应如何控制? 笔者开始探究该反应的实验条件。

二、实验药品及仪器

无水乙醇、铝片、0.1 mol·L^{-1} 硝酸汞溶液、γ-氧化铝(嘉兴教学药品采供部)、1∶4 硫酸溶液、高锰酸钾溶液、10%氢氧化钠溶液、蒸馏水、恒温加热仪、锥形瓶、洗气瓶、试管、导管、铁架台、小刀。

三、实验装置

乙醇消去反应的实验改进装置具体布置如图 2。

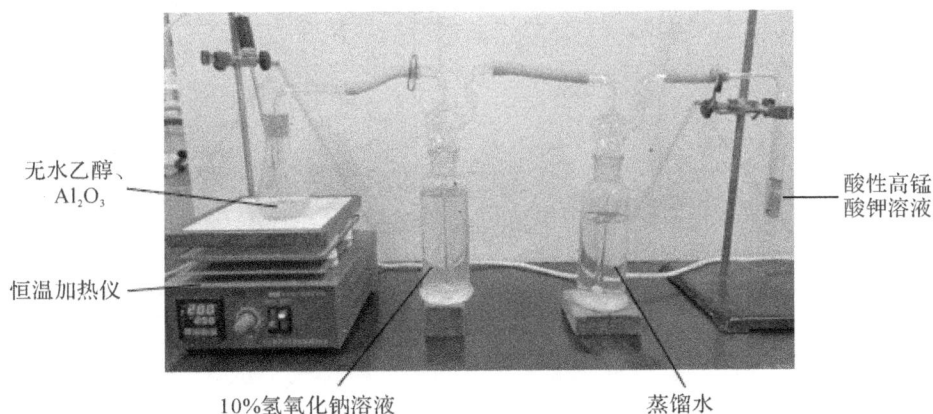

图 2 乙醇消去反应实验改进装置

四、实验步骤及现象

1.制备活性氧化铝备用。取数片铝片,打磨后用小刀轻轻划几条刻痕,再往铝片表面滴加少量 0.1 mol·L⁻¹ 硝酸汞溶液。可看到铝片表面上很快出现白色绒毛状物质(活性氧化铝),并迅速增长呈毛刷状(见图 3),取下活性氧化铝(记为催化剂 1)备用。

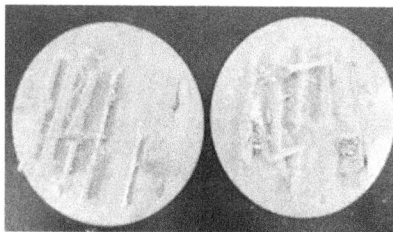

图 3　活性氧化铝

2.按图 2 所示搭建装置,往锥形瓶中加入 30 mL 无水乙醇,分别采用催化剂 1 和催化剂 2(实验室现有的 γ-氧化铝),在 400℃、350℃、300℃、250℃下记录酸性高锰酸钾溶液褪色时间,如表 1 所示。

表 1　温度及催化剂对高锰酸钾溶液褪色时间的实验对比

实验编号	温度(℃)	催化剂	褪色时间(s)	备注
1	400	催化剂 1	104	此时无水乙醇未蒸干
2	400	催化剂 2	不褪色	190 s 左右无水乙醇蒸干未褪色
3	400	不加催化剂	不褪色	190 s 左右无水乙醇蒸干未褪色
4	350	催化剂 1	125	此时无水乙醇未蒸干
5	350	催化剂 2	不褪色	220 s 左右无水乙醇蒸干未褪色
6	350	不加催化剂	不褪色	220 s 左右无水乙醇蒸干未褪色
7	300	催化剂 1	139	此时无水乙醇未蒸干
8	300	催化剂 2	262	此时无水乙醇接近蒸干
9	300	不加催化剂	不褪色	270 s 左右无水乙醇已蒸干
10	250	催化剂 1	不褪色	300 s 左右无水乙醇蒸干未褪色
11	250	催化剂 2	不褪色	300 s 左右无水乙醇蒸干未褪色
12	250	不加催化剂	不褪色	300 s 左右无水乙醇蒸干未褪色

五、实验结论及分析

(1)实验3、6、9、12说明不加催化剂时,即使乙醇全部蒸发,酸性高锰酸钾溶液也不会褪色,这是由于实验中接了两个洗气瓶的缘故。说明这两个洗气瓶可以将蒸发出来的乙醇全部吸收,排除干扰,为其他组的实验起到对照作用。

(2)实验1和2、4和5、7和8说明催化剂1的效果要好于催化剂2,原因可能是用铝汞齐实验现制的氧化铝活性高,而实验室现有的 γ-氧化铝由于存放时间较长,活性降低。

(3)实验1、4、7说明温度在300—400℃之间氧化铝催化乙醇的消去反应都能发生,且温度越高反应速率越快,但是乙醇蒸发的速率也越快。实验2、5中乙醇已经全部蒸干了酸性高锰酸钾溶液还未褪色,实验8中酸性高锰酸钾溶液褪色的时候乙醇几乎蒸干,存在一定的不安全性。

(4)实验10、11无水乙醇蒸干都未褪色,原因可能是温度过低,氧化铝催化乙醇消去反应的效果并不好,查阅文献[4]可知此时不仅反应速率低,而且乙醇的转化率和乙烯的选择性都大大降低了。

(5)通过对比以上实验,不难得出课堂演示乙醇消去反应选择的最佳条件为300℃左右,使用铝汞齐产生的 Al_2O_3 做催化剂。该实验具有安全、反应时间短、现象更明显的特点。

六、实验改进的意义

(1)选用 Al_2O_3 做催化剂,克服了浓硫酸催化过程中乙醇炭化严重,产生气体杂质的缺点,也避免了中学实验室无 P_2O_5 现货的尴尬,使乙醇消去反应的演示现象更明显,对环境的污染也更小,培养学生科学态度与社会责任的化学学科核心素养。

(2)通过设置不加催化剂使用无水乙醇通过两个洗气瓶再通入酸性高锰酸钾溶液中的对照实验,排除了乙醇使酸性高锰酸钾溶液褪色的干扰,体现本实验装置设计上的科学性和严谨性,培养学生证据推理的化学学科核心素养。

(3)通过设置对比实验,探究不同温度下使用不同类型作为催化剂的效果,得出了实验的最佳反应条件,训练学生科学研究方法,培养学生科学探究等化学学科核心素养。

参考文献

[1] 王祖浩.普通高中化学课程标准实验教科书·有机化学基础[M].南京:江苏教育出版,2009:69.

[2] 陆燕海,王强.P_2O_5催化乙醇制乙烯实验条件的探究[J].化学教学,2010(8):14-16.

[3] 陈雨,丁伟.P_2O_5催化乙醇脱水反应实验改进[J].化学教学,2015(6):65-67.

[4] 张熙.乙醇脱水制乙烯:碱性氧化物能否做催化剂[J].化学教学,2013(1):62.

硫氰化钾鉴别 Fe(Ⅲ)和 Fe(Ⅱ)实验的改进

【摘　要】针对新版人教版高中化学教材中利用硫氰化钾鉴别 Fe(Ⅲ)和 Fe(Ⅱ)实验试剂准备烦琐、实验现象容易出现异常的问题,从理论上分析硫氰化钾鉴别 Fe(Ⅲ)和 Fe(Ⅱ)的原理,并设计改进实验证明演示实验的可行性。通过使用维生素 C 处理 $FeSO_4$ 溶液,营造溶液的还原性氛围,既保证了理想实验现象,又建立了化学知识与生活实际的连接点,可供课堂演示实验参考。

【关键词】硫氰化钾;鉴别 Fe(Ⅲ)和 Fe(Ⅱ);实验改进;实验探究

一、问题的提出

人教版新教材《普通高中教科书·化学(必修)第一册》[1]第三章第一节"铁及其化合物"中 Fe(Ⅲ)和 Fe(Ⅱ)的鉴别采用以下实验方案:在两支试管中分别加入少量的 $FeCl_3$ 溶液和 $FeCl_2$ 溶液,各滴入几滴 KSCN 溶液。实验现象为含有 Fe(Ⅲ)的盐溶液遇到 KSCN 溶液时变成红色,而含有 Fe(Ⅱ)的盐溶液遇到 KSCN 溶液时无明显变化。

该方案操作简单、现象明显、灵敏度高,是高中化学中 Fe(Ⅲ)的经典定性检验方案。然而该方法存在以下不足。

1.实验试剂准备烦琐

$FeCl_2$ 溶液并不是高中化学实验室常备试剂,其溶质 $FeCl_2$ 固体也难觅踪迹。如果一定要用 $FeCl_2$ 溶液,唯一的办法就是利用铁单质(铁粉或铁丝)与盐酸或 $FeCl_3$ 溶液反应制备,试剂配制过程操作烦琐,且无法确定溶质的物质的量浓度。

2.实验现象出现异常

按照教材提供的方法进行操作,实验现象常与预期不同,不仅含有 Fe(Ⅲ)

的盐溶液遇到 KSCN 溶液时变成红色，而且含有 Fe(Ⅱ)的盐溶液遇到 KSCN 溶液时也变成红色。虽然两支试管中溶液颜色（红色）深浅不同，但已难以作为定性判断 Fe(Ⅲ)有无的充分证据，难以支撑硫氰化钾溶液可以鉴别 Fe^{3+} 和 Fe^{2+} 的结论。

基于上述原因，对硫氰化钾鉴别 Fe(Ⅲ)和 Fe(Ⅱ)实验做如下改进。

二、实验原理

Fe(Ⅲ)与 KSCN 溶液的显色反应之所以能够发生，可以从 H_2O 和 NCS^-（KSCN 提供的配体，高中一般写作 SCN^-）的分裂能大小得到解释[2]。在晶体场光谱化学序列中，分裂能 Δ 值 $NCS^- > H_2O$。所以，NCS^- 与 Fe(Ⅲ)形成的配离子较稳定。实际上，Fe(Ⅲ)在水溶液中以 $[Fe(H_2O)_6]^{3+}$ 形式存在，与 NCS^- 发生的是配位体取代反应[3]：

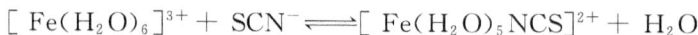

$$[Fe(H_2O)_6]^{3+} + SCN^- \rightleftharpoons [Fe(H_2O)_5NCS]^{2+} + H_2O$$

配离子通式为 $Fe(NCS)_n^{(3-n)}$，n＝1—6，都显红色[4]；而 Fe^{2+} 与 NCS^- 生成的配离子无色。由此，可以利用 KSCN 溶液作为显色剂鉴别 Fe(Ⅲ)与 Fe(Ⅱ)。

Fe(Ⅲ)和 Fe(Ⅱ)是铁元素的中等氧化态，但水溶液中 Fe(Ⅱ)不如 Fe(Ⅲ)稳定，易被水中溶解氧氧化为 Fe(Ⅲ)。所以 Fe(Ⅱ)的水溶液中常含有 Fe(Ⅲ)，遇 KSCN 溶液也会显红色。Fe(Ⅱ)的不稳定性对 Fe(Ⅲ)和 Fe(Ⅱ)的鉴别造成干扰。

基于上述分析，成功进行课堂演示实验的关键是消除溶液中 Fe(Ⅱ)氧化产生的 Fe(Ⅲ)或阻止 Fe(Ⅱ)被氧化为 Fe(Ⅲ)。改进实验利用生活中常见的维生素 C 药片将氧化产生的 Fe(Ⅲ)还原为 Fe(Ⅱ)，以完善该实验方案。

三、实验药品和仪器

硫氰化钾（KSCN）溶液（约 $0.1\ mol \cdot L^{-1}$）、$FeSO_4 \cdot 7H_2O$（化学纯）、$FeCl_3$ 溶液、维生素 C（片剂，0.1 g 每片）、小试管、胶头滴管、电子天平（最小分度值 0.001 g）、量筒（100 mL）。

四、实验改进方案

1. 实验步骤

(1)将 2.780 g $FeSO_4 \cdot 7H_2O$ 溶解在 97.2 mL 蒸馏水中,配成物质的量浓度约为 0.1 $mol \cdot L^{-1}$ 的 $FeSO_4$ 溶液。

(2)在小试管 1 中加入 0.1 $mol \cdot L^{-1}$ $FeSO_4$ 溶液 2 滴管(约 2 mL),再加入一粒维生素 C 药片。振荡,约 15 s 后(如果是放置 7 天后的 0.1 $mol \cdot L^{-1}$ $FeSO_4$ 溶液,需要 60 s),使用倾倒法将溶液转移到小试管 2 中。

(3)在小试管 3 中加入 2 滴管(约 2 mL)$FeCl_3$ 溶液。

(4)分别向小试管 2、3 中加入 1—2 滴 KSCN 溶液。

2. 实验现象

$FeSO_4$ 溶液因含有氧化产生的 Fe^{3+} 而呈浅棕黄色(图 1-a),加入维生素 C 振荡后上层清液变为浅(灰)绿色,使用倾倒法分离,取上层清液(图 1-b),加入 KSCN 溶液后无明显变化(图 1-c)。棕黄色的 $FeCl_3$ 溶液(图 2-a)中加入 KSCN 溶液,溶液变成红色(图 2-b)。

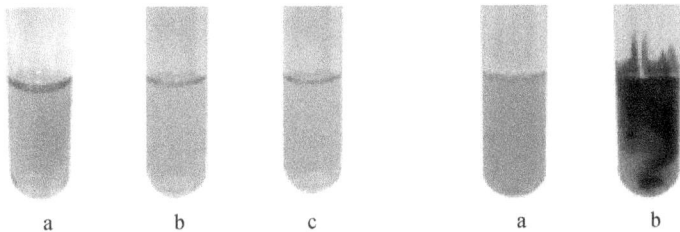

图 1 实验现象 1   图 2 实验现象 2

五、实验结果分析与解释

含有 Fe(Ⅱ)的盐溶液遇到 KSCN 溶液时仍然为无色,含有 Fe(Ⅲ)的盐溶液遇到 KSCN 溶液时变成红色。通过对比实验得出结论:Fe(Ⅲ)遇 KSCN 溶液变红色、Fe(Ⅱ)遇 KSCN 溶液不变色,可以利用 KSCN 溶液鉴别 Fe(Ⅲ)与 Fe(Ⅱ)。

多次实验证明,使用维生素 C 能够有效消除亚铁盐溶液中的 Fe(Ⅲ),使鉴别实验得到理想效果。维生素 C($C_6H_8O_6$),又称烯醇式己糖酸内酯,其结构如图 3 所示。维生素 C 的氧化还原(C_{ox}/C)电对的标准电极电势是-0.39 V[5],Fe(Ⅲ)/Fe(Ⅱ)电对的标准电极电势是 0.771 V[6]。由此,维生素 C 能将 Fe(Ⅲ)还原为 Fe(Ⅱ),反应机理如图 4 所示[7]。

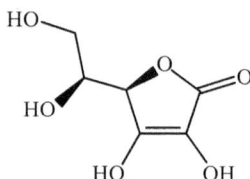

图 3　维生素 C 的结构

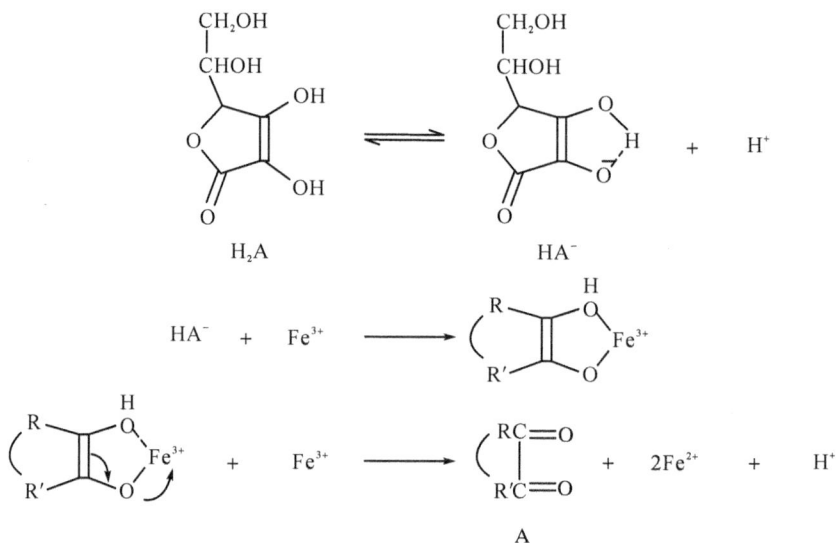

图 4　维生素 C 与 Fe(Ⅲ)反应的机理

维生素 C 可溶于水,在盐溶液中也有一定的溶解性。由此,用维生素 C 处理亚铁盐溶液,不仅可以将溶液中的 Fe(Ⅲ)还原为 Fe(Ⅱ),而且在溶液中提供还原性氛围,可以保证 Fe(Ⅱ)不被水中的溶解氧或溶液表面空气中的氧气氧化。在试剂配制后的 7 天内使用改进方案进行该实验,都可以取得良好的效果。

六、教学反思

硫氰化钾法检验铁离子属于显色法，因符合学生的认知发展水平，被高中教材普遍采纳，人教版、苏教版、鲁科版教材均推荐利用 KSCN 溶液对 Fe(Ⅲ) 和 Fe(Ⅱ) 进行鉴别。该实验的方案顺利开展，有助于学生掌握离子定性检验的一般方法、建立对比实验的学科思想。

1. 改进实验试剂准备简便

改进实验采用高中化学实验室常备的 $FeSO_4 \cdot 7H_2O$ 配制亚铁盐溶液，也可以使用实验室储存的 $FeSO_4$ 溶液，不需要随用随配，使实验可行性大大增加。

2. 改进实验现象清楚明确

在防止 Fe(Ⅱ) 被氧化方面，研究也尝试了铁粉法、煮沸法、有机物隔离法。铁粉法会使溶液带有黑色浑浊，不符合学生的认知规律；煮沸法需要临时新配溶液，并对溶剂进行煮沸，操作太过复杂；有机物隔离法会引起有机物附着，仪器清洗麻烦，且水中的溶解氧还会引起 Fe(Ⅱ) 的部分氧化变质，效果不佳。

维生素 C 在水果、蔬菜中广泛存在，维生素 C 药片是生活常用药品，可以在药店购买，价格低、无毒副作用。把维生素 C 引入化学实验，使化学实验回归生活本性。清晰的实验现象有助于学生通过颜色对比，理解 Fe(Ⅲ) 的定性检验方法。

3. 改进实验能够更好地发展学生的学科核心素养

对某些典型实验运用生活化元素进行改进创新，符合新课程标准的要求。可以让学生在生活中发现化学问题，并运用化学知识指导生活。激发学生学习化学的兴趣，促进学生学习方式的转变，培养学生的科学探究与创新意识等化学学科核心素养。

在学生用 KSCN 溶液鉴别 Fe(Ⅲ) 和 Fe(Ⅱ) 的知识建构完成后，可以进一步引导学生将 KSCN 溶液直接滴入 $FeSO_4$ 溶液中，异常的实验现象一定能激发其极大的好奇心：溶液居然出现了淡淡的红色！从而引发学生的深度思考：$FeSO_4$ 溶液中的 Fe(Ⅲ) 从何而来？Fe(Ⅱ) 的稳定性如何？之前实验中维生素 C 起到了什么作用？为什么去皮的苹果在空气中会慢慢变为褐色，泡在维生素 C 溶液中却可以长久地不变色？维生素 C 在生活中还可能有哪些妙用？

孔子曰："不愤不启，不悱不发。"用带着浓浓生活味的维生素 C 改进化学实验,可以激发学生内心的求知欲,使其在"愤、悱"的状态下积极开展深度学习。

本次对于硫氰化物法鉴别 Fe(Ⅲ)和 Fe(Ⅱ)的实验改进,符合化学实验设计的简便性、新颖性、探究性、启迪性和趣味性原则,证明了 KSCN 溶液可以鉴别 Fe(Ⅲ)和 Fe(Ⅱ),实验操作简单、现象明显,可作为演示实验或分组实验推广。

参考文献

[1] 人民教育出版社化学室.普通高中教科书·化学(必修)第一册[M].北京:人民教育出版社,2019:68.

[2] 朱文祥,刘鲁美.中级无机化学理论[M].北京:北京师范大学出版社,2002:117.

[3][4][6] 武汉大学,吉林大学.无机化学[M].3 版.北京:高等教育出版社,1994:1022,1022,595.

[5] MATTHEW D L,JACOB D L,DANIEL L P,et al. Review—Electrochemical Properties of 13 Vitamins:A Critical Review and Assessment [J]. Journal of The Electrochemical Society,2018,165(2):18-49.

[7] 白令君,王建英,崔乃杰,等.抗坏血酸与铁离子反应的 ESR 及 UV-VIS 研究[J].生物化学与生物物理学报,1997(6):3-8.

(发表于《化学教学》2020 年第 6 期)

应用超分子化学知识改进一则有机化学实验

【摘　要】针对教材中"高锰酸钾溶液氧化甲苯"实验现象不明显的问题,通过分析其原因,创新实验思维,应用超分子化学知识,尝试以 18-冠醚-6 做相转移催化剂,提出了两种改进此实验的方法,使原本两相界面的氧化反应转移入有机相中进行,获得满意的实验效果。

【关键词】实验改进;18-冠醚-6;相转移催化作用;氧化反应

新版《普通高中化学课程标准》"物质结构与性质"模块提出"了解从原子、分子、超分子等不同尺度认识物质结构的意义"[1]的内容要求,"能举例说明物质在原子、分子、超分子、聚集态等不同尺度上的结构特点对物质性质的影响"[2]的学业要求。与旧版课标相比,增加了"超分子、聚集态"等教学内容的新课标,丰富了中学教育所应认识的微粒种类,这是化学科学发展对中学教育提出的新要求,化学教师应积极探索化学新知识、新技术在日常教学中的应用。

一、问题的提出

现行苏教版《有机化学基础》(选修)"芳香烃"的教学中,为了研讨苯同系物的化学性质,在"观察与思考"栏目增加了高锰酸钾溶液氧化甲苯、二甲苯的演示实验。[3]然而,常温下和水浴加热(80℃)条件下,分别取 $0.05\ mol\cdot L^{-1}$、$0.02\ mol\cdot L^{-1}$、$0.01\ mol\cdot L^{-1}$、$0.005\ mol\cdot L^{-1}$ 4 种不同浓度的酸性高锰酸钾溶液,按教材要求进行实验,至少在 5 分钟内看不到甲苯使酸性高锰酸钾溶液褪色的迹象,本实验如用二甲苯均能得到满意实验效果。

我们知道,发生化学反应的先决条件是反应物的分子(或离子)直接碰撞,碰撞机会越多,反应可能会越快。高锰酸钾溶液与甲苯互不相溶,分属于水相、有机相,具有强氧化性的 MnO_4^- 离子与有机分子(甲苯分子)碰撞机会少,况且

MnO_4^- 离子在水溶液中是水合离子，周围被水分子包围，与有机分子直接接触更困难，导致两者反应缓慢。增加氧化剂浓度或加热可加快反应，但短时间也看不到实验现象——紫色变浅或褪去，且占用较多课堂教学时间，有必要对教材上这一实验进行改进。

根据化学动力学理论，解决问题的关键是通过怎样的方法增加 MnO_4^- 离子与有机分子的直接接触机会，或通过怎样的手段使 $KMnO_4$ 或 MnO_4^- 离子能"溶于"甲苯，从而使氧化反应在有机相中进行。

二、实验药品与仪器

苯、甲苯、18-冠醚-6、高锰酸钾晶体（均为分析纯试剂），小试管、胶头滴管、药匙等。

三、实验改进

1. 改进方法 1

取两支试管 A 和 B，分别向试管 A、B 中加入 2 粒绿豆大小的 18-冠醚-6 晶体，再向试管 A 中加入 2 mL 甲苯，向试管 B 中加入 2 mL 苯，振荡，使其全部溶解，得 18-冠醚-6 的甲苯溶液和苯溶液。在所得溶液中分别滴加 3 滴 $0.01 \ mol \cdot L^{-1}$ 高锰酸钾溶液（中性），振荡试管，试管 A 4 分钟左右溶液完全褪色，并产生棕色沉淀。如把试管 A 放入 80℃水浴中加热，不到 1 分钟溶液完全褪色，并产生棕色沉淀。试管 B 4 分钟后溶液紫色没有褪去，80℃水浴加热后也没有褪色。

实验时应注意：常温下进行实验，高锰酸钾溶液浓度应控制在 $0.02 \ mol \cdot L^{-1}$ 及以下的浓度为宜，这样褪色时间短，便于教师课堂演示；18-冠醚-6 的用量能影响化学反应速率，增加用量使褪色时间缩短。

2. 改进方法 2

取 3 mL 甲苯于试管中，加入 2 粒绿豆大小的 18-冠醚-6 晶体，振荡，使其全部溶解，得 18-冠醚-6 的甲苯溶液。在此溶液中加入极少量的高锰酸钾晶体，振荡试管，高锰酸钾全部溶解，整个溶液立即显紫红色，静置约 2 分钟（时间与高锰酸钾用量有关），紫红色逐渐褪去，溶液变成棕色，颜色逐渐加深，最终变成棕褐色浑浊。

如果上述实验尚有极少量高锰酸钾晶体未溶解,振荡试管,溶液又立刻从棕褐色变成紫红色,静置 1—2 分钟又变回棕色、棕褐色。如此重复出现,直至高锰酸钾晶体全部溶解并反应完,最终溶液紫红色褪去,呈棕褐色浑浊。

用苯代替甲苯,用同样方法进行对比实验,结果溶液始终显紫色,振荡数分钟后也不褪色。

实验说明:

(1)在常温下或水浴加热条件下,将适量 18-冠醚-6 晶体放入不同浓度的高锰酸钾溶液(中性),实验发现溶液不褪色,说明 18-冠醚-6 与高锰酸钾溶液(中性)不发生反应。

(2)醚官能团在强酸性且加热环境下结构不稳定,为避免影响实验效果,本实验所用的高锰酸钾溶液没有加硫酸酸化。

四、18-冠醚-6 作用探析

含有多个氧原子的大环醚,因其结构形如皇冠,故称冠醚(crown ether)。冠醚分子结构的重要特点是分子内部有很大的空间,能和金属阳离子特别是碱金属离子形成配合物,并且随着环的大小不同,与不同的金属离子配合。

18-冠醚-6 分子式 $C_{12}H_{24}O_6$,常温下为白色结晶,能溶于有机溶剂,难于被强氧化剂氧化。其分子结构如下图所示:

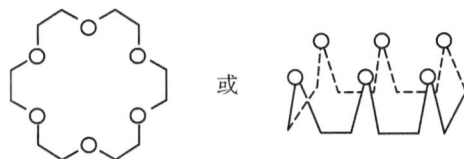

图 1　18-冠醚-6 分子结构

18-冠醚-6 分子结构的最大特点是分子中心有大的空穴,空穴大小 260—320 pm,空穴的一边均匀分布着负电荷密度大的 6 个氧原子,这种特殊的结构决定了它具有特殊的化学性质——很强的配合能力,如与钾离子(直径 266 pm)形成配合物的稳定常数 lg K = 6.1。[4]

在溶有 18 冠醚-6 的甲苯溶液中,滴入高锰酸钾溶液(或加入高锰酸钾晶体),冠醚环上氧原子的孤对电子与 K^+ 离子配位,形成稳定配合物,可形象地表示为"钾离子落到分子中心的洞穴里",这样使得钾离子从水溶液(或晶体表面)转移到有机溶剂,带负电荷的 MnO_4^- 离子也随之进入有机溶剂中,形成如下结构:

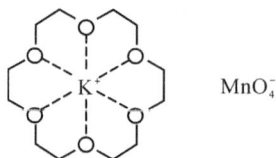

图 2　18-冠醚-6 与 K^+ 形成配位化合物

18-冠醚-6 使高锰酸钾间接地"溶于"甲苯,这时的 MnO_4^- 离子完全是裸露的自由的阴离子,没有溶剂化的影响,因而氧化能力更强。MnO_4^- 离子被甲苯还原后,由于正负电荷的抗衡作用,配合了 K^+ 离子的 18-冠醚-6 有机配离子继续"运送"水相中(或晶体表面)的 MnO_4^- 离子到有机相(甲苯)中,氧化反应继续进行,而 18-冠醚-6 没有损耗,这种现象和过程称为相转移催化作用,18-冠醚-6 是氧化反应的相转移剂或相转移催化剂[5]。

与乙烯、乙炔、乙醇等有机物使酸性高锰酸钾溶液褪色实验不同,改进后的实验除了紫色褪去以外,实验改进方法一中下层水溶液还出现棕色沉淀。分析反应机理,氧化反应是在非水的有机相(甲苯)中进行,MnO_4^- 离子没有了酸性环境,自然不能还原为 Mn^{2+} 离子,而生成了不溶于水的还原产物 MnO_2。

高锰酸钾氧化甲苯的离子方程式:

$$C_7H_8 + 2MnO_4^- \longrightarrow C_7H_6O_2 + 2MnO_2 + 2OH^-$$

本实验涉及超分子化学领域,18-冠醚-6 是主体,钾离子是客体,主客体通过配位键形成了超分子,18-冠醚-6 在反应中起到相转移催化作用。由此可见,化学教师必须紧跟时代步伐,加强化学学科新知识的学习,积极改进、开发能体现化学学科特色、融入前沿学科知识的创新实验,发展学生化学学科核心素养。

参考文献

[1][2] 中华人民共和国教育部.普通高中化学课程标准(2017 年版)[S].北京:人民教育出版社,2018:43-44.

[3] 王祖浩.有机化学基础(选修)[M].4 版.南京:江苏教育出版社,2014:52.

[4] 斯蒂德,阿特伍德.超分子化学[M].赵耀鹏,孙震,译.北京:化学工业出版社,2006:81-82,87.

[5] 邢其毅,徐瑞秋,周政,等.基础有机化学(上册)[M].2 版.北京:高等教育出版社,1993:423-426.

乙酸乙酯水解条件比较的实验改进

【摘　要】在分析苏教版《实验化学》教材中给出的乙酸乙酯水解条件比较方案缺陷的基础上,查阅了一线教师对此实验改进的已有研究成果。立足减少乙酸乙酯的溶解和挥发、反应物和生成物检验的方便等角度设计了新的实验方案,为学生敢于质疑教材实验方案,敢于改进实验,促进学生素养的发展创造了空间。

【关键词】乙酸乙酯;水解条件;实验改进

一、问题的提出

现行苏教版《实验化学》教材第 56 页安排了"乙酸乙酯水解条件比较"的实验。若按教材提供的步骤进行实验,通过水解后试管中无色的乙酸乙酯层剩余体积的大小来判断水解程度有些勉强。查阅资料可知,20℃时 100 g 水中可以溶解乙酸乙酯 8.3 g,乙酸乙酯的密度为 0.902 g/mL,通过计算发现,20℃ 4 mL水便可溶解约 0.37 mL 的乙酸乙酯。乙酸乙酯的沸点是 77.1℃,在 75℃水浴和试管口敞开的情况下,有一定的乙酸乙酯会挥发。综合上面的分析,通过观察剩余乙酸乙酯的体积大小来判断水解程度有些不妥。

许多一线教师勇于实践,积极探索,对乙酸乙酯水解条件比较的实验方案进行了改进。张秀娟老师采用饱和氯化钠溶液来降低乙酸乙酯在水中的溶解损失[1];姜伟老师采用长导管冷凝回流乙酸乙酯的方法,减少它的挥发,方便通过乙酸乙酯的剩余体积来判断水解程度的大小[2];程李娟老师采用了检验水解反应后水层中乙醇的量,通过重铬酸钾与乙醇反应后溶液的颜色变化来判断乙醇的含量,从而确定乙酸乙酯水解的程度[3]。

一线教师的已有研究为本实验的改进提供了借鉴资源。同时,也给本实验的改进研究留下了一定的空间,可以设计既能减少乙酸乙酯溶解和挥发又能检验产物中乙醇含量的实验方案。

二、实验创新设计

1.减少乙酸乙酯的溶解损失

笔者参考了同行教师的研究成果,为了减少乙酸乙酯在水中的溶解损失,用 4 mL 饱和 Na_2SO_4 溶液代替教材中的 4 mL 蒸馏水;用 3 mL 2 mol·L^{-1} H_2SO_4 溶液和 1 mL 饱和 Na_2SO_4 溶液代替 4 mL 2 mol·L^{-1} H_2SO_4 溶液;用 3 mL 4 mol·L^{-1} NaOH 溶液和 1 mL 饱和 Na_2SO_4 溶液代替 4 mL 4 mol·L^{-1} NaOH 溶液,并在该溶液中滴加了 1 滴酚酞。

2.减少乙酸乙酯的挥发

为了减少乙酸乙酯的挥发,方便在教室演示该实验,笔者采用了在大试管的上方装 1 根长约为 15 cm 的玻璃导管代替冷凝管,起到冷凝回流乙酸乙酯的作用,改进后的实验装置具体见图 1。

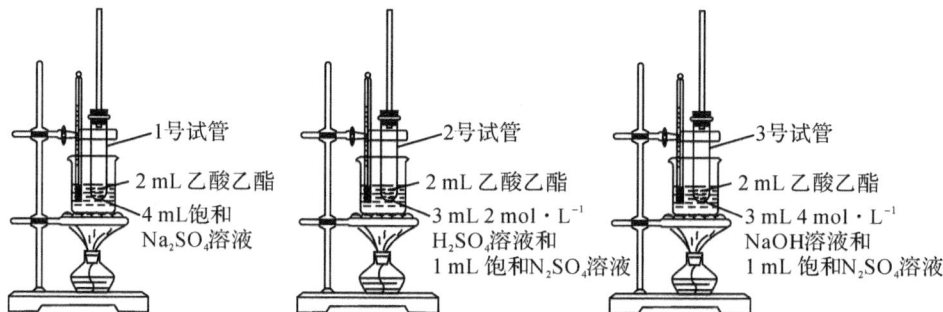

图 1　乙酸乙酯水解实验装置图

三、实验操作步骤及现象

1.乙酸乙酯的水解

取 3 支试管,编为 1、2、3 号,分别注入 4 mL 饱和 Na_2SO_4 溶液、3 mL 2 mol·L^{-1} H_2SO_4 溶液和 1 mL 饱和 Na_2SO_4 溶液、3 mL 4 mol·L^{-1} NaOH 溶液和 1 mL 饱和 Na_2SO_4 溶液。

在 3 支试管中各加入 2 mL 乙酸乙酯，振荡后将 3 支试管同时插入热水浴（约 75℃）中，加热约 8 分钟（加热过程中注意不要振荡）。观察现象，比较各试管中无色的乙酸乙酯层剩余体积的大小。

实验结束后，如右侧图 2 所示，3 号试管中乙酸乙酯层的体积明显少于 1 号和 2 号，2 号试管中乙酸乙酯层的体积略微少于 1 号。

2.乙醇含量的检验

将 1、2 号试管中的液体进行分液，各取分液得到的下层液体 1 mL 于另外两个装有 1 mL 较浓的 $K_2Cr_2O_7$ 溶液的新试管中。1 号试管水解液对应的 $K_2Cr_2O_7$ 溶液中事先滴 2 滴较高浓度的硫酸。通过图 3 的对照实验发现，1 号试管对应的水解液使 $K_2Cr_2O_7$ 溶液颜色基本不变，2 号试管对应的水解液使 $K_2Cr_2O_7$ 溶液变为深蓝色。由此判断 2 号试管中乙醇含量多，水解速度快。

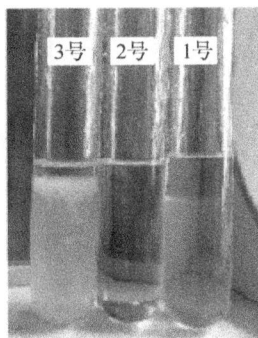

图 2 水解后乙酸乙酯层体积比较

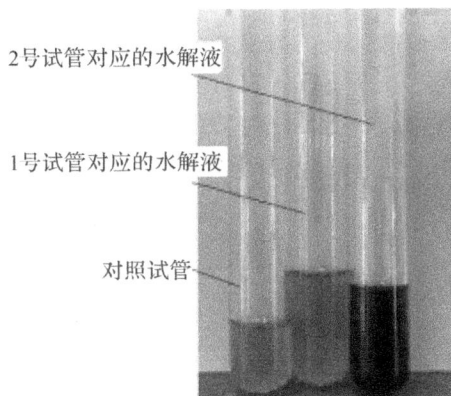

图 3 水解产物乙醇的检验

四、实验改进的意义

本改进实验，首先用饱和硫酸钠溶液减少了乙酸乙酯在水中的溶解损失；其次用长导管减少了乙酸乙酯的挥发；最后通过乙酸乙酯体积的大小来判断水解程度的大小更具说服力。另外，本实验用饱和硫酸钠溶液代替其他教师采用的饱和氯化钠溶液，用酸性 $K_2Cr_2O_7$ 溶液检验水解产物中乙醇的含量，避免了酸性 $K_2Cr_2O_7$ 溶液与 Cl^- 的反应。本实验改进有效解决了《实验化学》教材中此实验的不足，且实施了水解产物的双重检验，课堂效果良好。

　　法国著名科学家拉瓦锡在《化学原理·序言》中说到我们必须相信的只有事实；这些事实是自然界提供给我们的，是不会欺骗我们的。我们在任何情况下都应该使我们的推理受到实践的检验，除了通过实验和观察的自然道路去寻求真理之外，别无他途。实验是激发学生学习化学兴趣的一种良好途径，实验有着理论无法代替的显著功能。教师在演示实验、分析实验成败和改进实验的过程中，会潜移默化地培养学生的问题意识，让学生清晰地体会到实验的改进需要站在前人的研究基础上，然后查阅资料，对前人的研究提出质疑和假设，设计实验方案，完成实验，收集实验证据，得出合理的结论。若改进方案不成功，则会寻求新的改进方式，使学生的学习能力和抗挫折能力得到一定程度的提升，促进学生证据推理、科学探究和创新意识等化学学科核心素养的发展。

参考文献

[1] 张秀娟.乙酸乙酯水解实验的改进[J].化学教与学,2005(7):32.

[2] 姜伟.乙酸乙酯水解实验的改进[J].化学教与学,2013(1):94-96.

[3] 程李娟.乙酸乙酯水解速率比较实验的改进[J].化学教与学,2010(4):75-76.

乙酸乙酯制备实验改进的再研究

【摘　要】针对乙酸乙酯制备实验炭化严重、产率低、硫酸难回收等缺点,借助化学工程原理,通过对分子筛、硅藻土等6种载体去湿、酸浸、活化、酸浓度对比等系列实验,确定ZSM-5疏水分子筛25−35/SO_4^{2-}为催化剂,以简易装置实验,产率可达77%以上,催化剂重复使用效果好。

【关键词】乙酸乙酯制备;固体超强酸;ZSM-5疏水分子筛25−35/SO_4^{2-}

一、问题的提出

乙酸乙酯的制备实验是苏教版《化学2》有机化学部分的重要实验之一,是开启酯化反应学习历程的重要标志。实验过程中存在反应物炭化严重、产生SO_2等污染性气体、产率低等缺点,且反应后浓硫酸回收困难,学生一般会将反应后的混合溶液作为废液倒掉,不仅浪费药品,还会造成环境污染。工业制备乙酸乙酯方法包括固体超强酸做催化剂、乙醛缩合、乙烯与乙酸的加成等,隋长青等研制的混合固体超强酸SO_4^{2-}/C−Fe_2O_3[1]和李学琴等研制的ZSM-5分子筛负载$SnCl_4$固体超强酸为催化剂[2]时,乙酸乙酯的制备产率较高,但制备过程复杂,活性炭的颜色对实验有干扰。基于高一学生的认知层次,制得更适合的催化剂,弥补经典实验的不足,且让化学课堂更具有时代感,让实验教学渗透STEM教育——给学生以整合知识的能力和终身学习的思想,这是值得研究的。

二、实验原理

1.酯化反应原理

$$CH_3COOH + CH_3CH_2OH \xrightarrow{\text{催化剂}} CH_3COOCH_2CH_3 + H_2O$$

酯化反应以路易斯酸为催化剂效果较好，且及时吸收反应产生的水有利于酯的产出。浓硫酸兼具酸性和吸水性，故教材以此为催化剂和吸水剂。

2.固体超强酸的催化原理

固体超强酸是指酸性超过100%硫酸的固体酸，硫酸类固体超强酸以硫酸浸润金属氧化物、氢氧化物或吸附性强的载体后，经高温焙烧制得。酯化反应时固体超强酸中 SO_4^{2-} 起酸促进剂作用，在固体表面形成较强的路易斯酸[3]，进而催化酯的制备。固体超强酸具有易与液相反应体系分离、不腐蚀设备、后处理简单、无污染、选择性高等特点。

3.原料选择的依据

制备固体超强酸之前，需要寻找具有高吸附性的粒子，前人实验中多以金属氧化物浸硫酸烧制，或以分子筛浸铁盐溶液烧制，或以黏土、硅藻土为载体浸盐溶液烧制。硅藻土和分子筛本身具有多种金属离子，且吸附性好，故本实验选择硅藻土系列和分子筛系列为载体，尝试直接酸浸烧制的方法制备相应的固体超强酸。

三、药品和仪器

1.药品

活性氧化铝 1—2 mm、ZSM-5 分子筛高硅 ZSM5 疏水性 45—55/200 g（下文简称 ZSM-5 疏水分子筛 45—55）、ZSM-5 分子筛高硅 ZSM5 疏水性 25—35/200 g（下文简称 ZSM-5 疏水分子筛 25—35）、硅藻土、硅藻土颗粒（大、小两种）、不同浓度的硫酸、冰醋酸、乙醇、饱和碳酸钠溶液、无水 $CaCl_2$。

2.仪器

蒸发皿、玻璃棒、坩埚钳、温度计、天平、药匙、滤纸、量筒、酒精灯、试管、导气管、橡皮塞、乳胶管、烧杯、铁架台、恒温烘箱、沸石、分液漏斗。

四、实验研究过程

1.催化剂的制备

(1)载体去湿。

各取 20 g 以上 6 种催化剂载体于蒸发皿中,于恒温烘箱 100℃去湿 1 小时。

(2)酸浸、活化。

将去湿后的催化剂载体用 2.5 mol·L^{-1}的硫酸浸泡 10 分钟,再放于恒温烘箱 80℃烘焙 24 h。所得固体超强酸如图 1 所示。

图 1　6 种自制固体超强酸

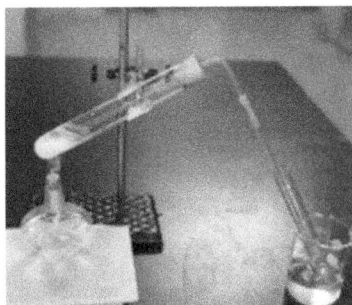

图 2　乙酸乙酯制备装置

2.催化效果对比实验

将 8.25 g 无水乙醇(9.5 mL,0.2 mol)和 6 g 冰醋酸(6 mL,0.104 mol)放入大试管中混合均匀,加入 3.0 g 不同的固体超强酸为催化剂,以教材实验装置(见图 2)为基础,将盛有饱和 Na$_2$CO$_3$ 溶液的试管放在冷水浴中,进行酯化实验 5 分钟,充分振荡去酸、醇后所得产量数据见表 1。

表 1　不同载体超强酸为催化剂时的粗产率

不同载体	活性氧化铝 1—2mm	ZSM-5 疏水分子筛 45—55	ZSM-5 疏水分子筛 25—35	硅藻土	硅藻土颗粒(大)	硅藻土颗粒(小)
产量/mL	1.6	3.7	5.3	3.4	2.6	2.2
产率/%	24.1	57.2	82.0	52.6	40.2	34.1

由以上数据可知,ZSM-5 疏水分子筛 25—35/SO$_4^{2-}$ 为催化剂时效果最佳,多次重复实验粗产率均可达 80%以上。分子筛在《化学 1》教材中曾经出现,在课堂教学演示实验中使用,恰能引导学生复习且学以致用。

3.探究硫酸浓度对固体超强酸催化能力的影响

(1)不同浓度固体超强酸的制备。

取 18.4 mol·L^{-1}硫酸分别配制成浓度为 1.0 mol·L^{-1}、1.5 mol·L^{-1}、2.0 mol·L^{-1}、2.5 mol·L^{-1}、3.0 mol·L^{-1}、4.5 mol·L^{-1}6 份不同浓度的硫

酸溶液,取 6 份等质量(20 g)的去湿 ZSM-5 疏水分子筛于 6 个蒸发皿中,分别取上述不同浓度的硫酸溶液各 20 mL 浸泡分子筛 10 分钟,将盛有混合物的蒸发皿置于 80℃ 恒温烘箱中烘焙 24 小时。

(2)对比实验。

将 9.5 mL 无水乙醇和 6 mL 冰醋酸放入大试管中混合均匀,加入 3.0 g 不同硫酸浓度的分子筛固体超强酸为催化剂,以图 2 装置进行酯化实验 5 分钟,所得数据见表 2。

表 2 不同浓度硫酸的固体超强酸催化所得粗产率

不同浓度	$1.0 \text{ mol} \cdot \text{L}^{-1}$	$1.5 \text{ mol} \cdot \text{L}^{-1}$	$2.0 \text{ mol} \cdot \text{L}^{-1}$	$2.5 \text{ mol} \cdot \text{L}^{-1}$	$3.0 \text{mol} \cdot \text{L}^{-1}$	$4.0 \text{ mol} \cdot \text{L}^{-1}$
产量/mL	2.7	3.1	4.4	5.3	5.4	5.4
产率/%	41.8	48.0	68.1	82.0	83.6	83.6

由以上数据可知,硫酸浓度为 $2.5 \text{ mol} \cdot \text{L}^{-1}$ 以上,乙酸乙酯制备粗产率均达到 80% 以上,从实验效果及原料的经济性来说,$2.5 \text{mol} \cdot \text{L}^{-1}$ 的硫酸作为酸浸液效果好且用量省。

(3)催化剂的重复使用效果。

以 $2.5 \text{ mol} \cdot \text{L}^{-1}$ 的硫酸作为酸浸液,以 ZSM-5 疏水分子筛 25—35 为载体,经烘焙后得到的固体超强酸称为 ZSM-5 疏水分子筛 $25—35/SO_4^{2-}$。为探究该催化剂重复使用情况,将反应体系过滤,所得滤渣直接烘干,连续进行多次酯化实验。为更直观地呈现催化剂的重复使用情况,可引导学生将催化剂重复使用率以坐标图形式进行数据处理,得到如图 3 所示图像。

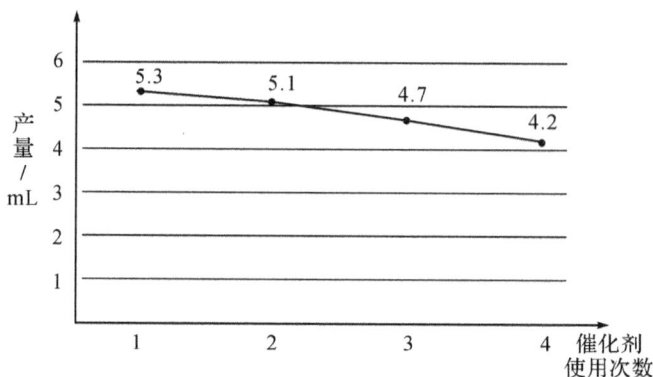

图 3 催化剂重复使用次数与产量图

(4)产品纯度检验。

考虑到酒精加热温度较高,反应过程中可能有乙醇和乙酸被蒸出。因此,将所得 5.3 mL 产品以饱和碳酸钠溶液洗涤产品三次(除 CH_3COOH),再以蒸馏水洗涤两次(去 Na_2CO_3 和乙醇),接着以足量无水氯化钙吸收 CH_3CH_2OH 并除水,最后得产品 5.0 mL,产率为 77.4%。

五、研究结论

经过以上实验可知,以 ZSM-5 疏水分子筛 25—35 为载体,以 2.5 mol·L^{-1} 的稀硫酸浸泡、烘焙活化,所得的固体超强酸 ZSM-5 疏水分子筛 25—35 /SO_4^{2-},对乙酸乙酯制备实验具有较强的催化作用,且重复使用效果好。

六、实验改进的意义

1. 传承经典,高效环保

使用 ZSM-5 疏水分子筛 25—35/SO_4^{2-} 为催化剂,以教材所示的简易装置为反应器,在短时间内成功演绎教材经典实验,克服了浓硫酸做催化剂时的高炭化、产物少、副反应多及污染环境等缺点。以学生熟悉的 Na_2CO_3、蒸馏水、$CaCl_2$ 为原料对粗产品提纯,原理简单、操作便捷,恰当地解决了产率过高的质疑,易于培养他们严谨的科学精神。

2. 与时俱进,培育素养

实验中使用对学生来说陌生但有所耳闻的分子筛,既能引导学生学以致用,也能体现化学学科的时代变迁。在制备乙酸乙酯的实验过程中,介绍固体超强酸的制备历程,引领学生感悟科研之美、环保的必要性,培育学生科学精神和社会责任素养。

3. 学科整合,落实 STEM 教育理念

介绍化学工程中酯制备的不同方法,可使学生了解基础知识在化工生产中的实用价值,并获得应用催化剂的感知经验。探究过程中数据的对比分析及坐标图的绘制,将数学知识与化学学习有机整合在一起,引领学生学会知识的综合运用。实验中引导学生应用化学工程原理,制作催化剂,体现工程学思想。酯化

反应的探究从 20 世纪 90 年代绵延至今,且方法、试剂不断变化,正是养成终身学习意识的良好素材。

参考文献

[1] 隋长青,于雪峰,孙文颉,等.混合固体超强酸 SO_4^{2-}/C—Fe_2O_3 催化合成酯类化合物[J].吉林师范大学学报(自然科学版),2001(2):27-29.

[2] 李学琴,曹玲,高一畅,等.ZSM-5 分子筛负载固体酸催化剂的制备及其在酯化反应中的应用[J].广东化工,2017(22):35-36.

[3] 郝正文,于少明,陆亚玲.合成酯用固体超强酸催化剂研究进展[J].天然气化工(C1 化学与化工),2004(5):32-35.

(发表于《实验教学与仪器》2020 年第 5 期)

化学反应速率影响因素的实验研究

——过氧化氢-鲁米诺发光反应的应用

【摘 要】过氧化氢-鲁米诺发光体系是常见的化学发光反应之一,发光的强度与过氧化氢分解反应速率有关。通过对比观察发光反应在浓度、温度、催化剂影响下发出荧光强度的不同,来探索外界因素对过氧化氢分解反应速率的影响。过氧化氢-鲁米诺发光反应的应用,增强实验的直观性和趣味性,拓展学生的化学视野,发展学生化学学科核心素养。

【关键词】反应速率;过氧化氢;鲁米诺试剂;发光反应;实验研究

探究化学反应速率的影响因素是高中化学教学的一个重要内容,在人教版、苏教版、鲁科版必修教材中,不约而同地采用了过氧化氢的分解反应实验,在不同的浓度、温度和催化剂条件下,观察产生气泡的快慢来探索对反应速率影响。很多化学同行对此实验也有较多的研究,李永华[1]老师采用动物肝脏和$FeCl_3$溶液来研究催化剂对H_2O_2分解反应速率的影响,通过产生的水位高低来判断产生O_2的速率,但此种现象对速率的表现并不明显,也不易使学生直观理解。刘文易[2]老师提出采用富含过氧化氢酶的马铃薯块茎作为催化剂,并配合"泡敌"溶液进行消泡处理来研究过氧化氢的分解速率,但这种通过气泡多少的观察,并不易使学生进行视觉捕获,同时也缺乏一定的趣味性。基于以上因素,开发利用鲁米诺试剂受过氧化氢分解产生的O_2氧化而发出荧光的强度,来探究不同的外界条件对过氧化氢分解反应速率的影响。

一、实验原理

1.鲁米诺试剂

鲁米诺,又名发光氨,化学名为3-氨基邻苯二甲酰肼,淡黄色粉末状固体,是一种强酸性物质,易溶于碱性溶液。鲁米诺在碱性中会形成一种二价阴离子(Dianion),此二价阴离子易被过氧化氢分解或与其他物质反应产生的氧气(或单氧)氧化,产物非常不稳定,立即会分解产生氮气和激发态物质(3-氨基邻苯二甲酸根离子),激发态物质很快会发出处于蓝光波长的可见荧光而转变至基态。(见图1)

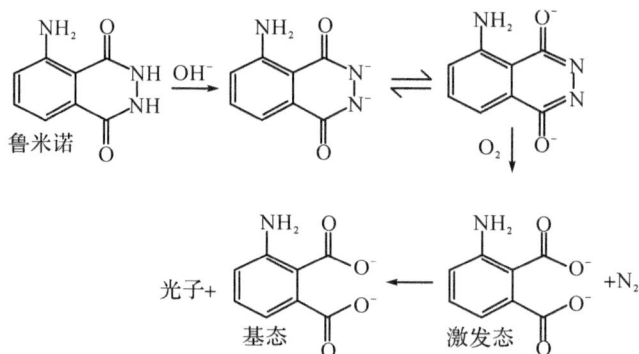

图 1　鲁米诺分子结构及发光原理

2.速率测量原理

本实验中,采用过氧化氢分解方式产生氧气,其反应方程式为:

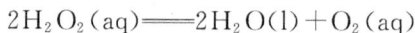

$$2H_2O_2(aq) = 2H_2O(l) + O_2(aq)$$

由于一系列反应中,只有过氧化氢发生分解反应生成溶解氧的过程比较慢,是一个慢反应,而其他过程都是快反应[3],所以过氧化氢的反应快慢决定了整个发光过程的速率,即决定了发光强度,所以通过发光强度的大小来判断过氧化氢分解反应速率的快慢。

二、实验药品与仪器

1.药品

鲁米诺(天津市致远化学试剂有限公司)、过氧化氢、碳酸钠、碳酸氢钠、碳酸氢铵、浓氨水、硫酸铜晶体、蒸馏水。

2.仪器

天平、锥形瓶、烧杯、磁力加热搅拌器、小漏斗、蛇形冷凝管。

三、实验操作与步骤

1.过氧化氢-鲁米诺发光反应试剂的配制

取一个 1 L 的烧杯,将 4.0 g 的无水碳酸钠置于烧杯中,加入 500 mL 蒸馏水用磁力搅拌器加速溶解,称取 0.2 g 鲁米诺粉末于烧杯中,继续搅拌溶解,再称取 24.0 g 碳酸氢钠,0.5 g 碳酸氢铵,20 滴浓氨水(以上物质形成缓冲液),0.4 g 硫酸铜晶体(起催化作用),逐次加入到烧杯中,磁力搅拌数分钟,待粉末全部溶解后加入蒸馏水稀释至 1000 mL,继续搅拌均匀,然后装入 A 号试剂瓶中备用。[4]

另取一个 1 L 的烧杯,倒入 30 mL 25％过氧化氢试剂,加蒸馏水稀释至 1000 mL,搅拌均匀,然后装入 B 号试剂瓶中备用。

2.研究不同浓度的过氧化氢对发光强度的影响

按表1,在两个相同的锥形瓶中分别加入 B 试剂和蒸馏水,振荡摇匀,另取两个烧杯按表1加入 A 试剂溶液。关闭教室遮光布,然后将烧杯中的试剂同时倒入到锥形瓶中,观察现象。

表 1 研究浓度的影响操作要求

序号	B 号试剂/mL	蒸馏水/mL	A 号试剂/mL
实验 1	25	25	60
实验 2	50	—	60

实验产生不同强度的荧光如图 2 所示(左为实验1,右为实验2)。

图 2 不同浓度反应物的发光强度对比

3.研究不同温度下对发光强度的影响

按表2,在两个相同的锥形瓶中分别加入B试剂和蒸馏水,振荡摇匀,另取两个烧杯按表2加入A试剂溶液。取实验4的两份试剂,分别置于两个磁力加热搅拌器上加热至50℃。关闭教室遮光布,然后将烧杯中的试剂同时倒入到锥形瓶中,观察现象。

表2 研究温度的影响操作要求

序号	温度(℃)	B号试剂(mL)	蒸馏水(mL)	A号试剂(mL)
实验3	室温	40	10	50
实验4	50	40	10	50

实验操作于2020年1月20日,本地室内气温16.7℃。实验产生不同强度的荧光,如图3所示(左为实验3,右为实验4)。

图3 不同温度条件下发光强度对比

4.研究催化剂条件下鲁米诺试剂的发光强度

另取烧杯,配制一份与A号试剂相比只缺药品硫酸铜晶体,其他完全一致的试剂,装入C号试剂瓶中备用。

将蛇形冷凝管用铁架台和铁夹固定,上面放置一个小漏斗,以防液体溅出,下面用一个大烧杯接收流下的液体。关闭教室遮光布,分别按表3中的要求同时在小漏斗里倒入两种试剂,观察现象。

表 3　研究催化剂的影响操作要求

序号	B 号试剂(mL)	A 号试剂(mL)	C 号试剂(mL)
实验 5	60	—	60
实验 6	60	60	—

在实验 5 中,由于过氧化氢几乎不分解,所以并没有明显变化的现象。在实验 6 中加入含有催化剂的 A 试剂后产生大量的荧光,明亮的荧光顺着蛇形冷凝管螺旋式下降,荧光可以维持数分钟左右,如图 4 所示。

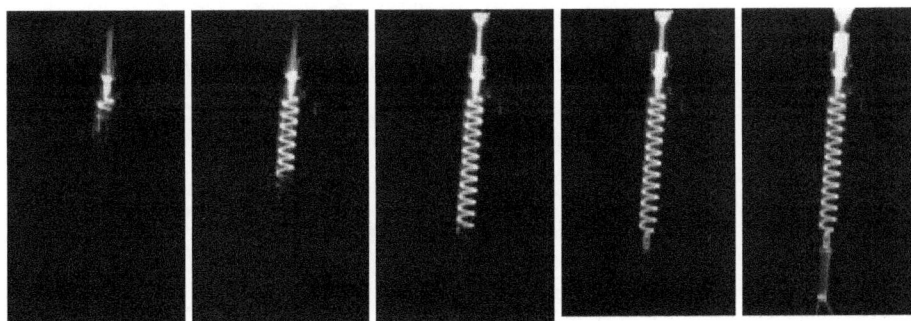

图 4　催化条件下的发光现象

5. 实验结论

实验的结果显示,实验 2 加入 50 mL 的 B 号试剂过氧化氢溶液比实验 1 加入 25 mL B 号试剂过氧化氢溶液与 25 mL 蒸馏水的发光强度要强烈得多;实验 4 在 50℃条件下比实验 3 在室温下进行的发光强度要强烈得多;对比实验 5,在实验 6 中使用催化剂可以迅速产生强烈的荧光。综上所述,增加反应物的浓度、升高反应时的温度、加入合适的催化剂,都可以提高过氧化氢分解反应的速率。

四、实验创新的意义

实验创新性地采用具有发光功能的鲁米诺试剂,拓展了学生化学学科视野,使他们了解更多的化学知识。实验通过简单仪器和操作,利用可见荧光的光学强度,将抽象的反应理论转化为直观的实验现象,并使实验过程充满趣味性和吸引力,不仅增强该理论的说服力,而且还培养学生实验操作和实验解读的能力,发展学生证据推理、科学探究与创新意识的化学学科核心素养。

　　虽然利用简单的仪器和操作,展现了大量的光学现象,但实验手段和实验设备还是很粗糙的,获得的现象也存在主观上的不可避免的误差,如何设计更佳的实验方案,利用传感技术,增加数据实证,应用图表对比,将主观定性分析转为客观定量分析,才能使实验更具有科学性,更具有说服力,这也是本实验还需要改进优化的方向。

参考文献

[1] 李永华.比较过氧化氢在不同条件下的分解实验改进[J].实验教学与仪器,2011(5):30.

[2] 刘文易."比较过氧化氢在不同条件下的分解"实验的改进[J].实验教学与仪器,2017(9):28-29.

[3] 吕小虎,陆明刚.过氧化氢-次氯酸钠氧化鲁米诺发光的研究[J].光谱学与光谱分析,1994(1):123-127.

[4] 魏冰.介绍一种发光的氨喷泉实验[J].化学教育,1992(1):34-35.

(发表于《中学化学教学参考》2020年第9期)

第四章
技术创新

　　技术创新是以创造新技术为目的的创新,或以科学技术知识及其创造的资源为基础的创新。现代科学技术的飞速发展,特别是仪器科学的发展,促进了化学实验手段的不断更新,使化学实验体现时代特色。技术创新类实验是指应用新技术探究未知物质或探究化学反应本质、反应进程,揭示化学反应原理和规律的实验。当前最为关注的是将传感技术和信息技术整合的化学实验系统,它促进了中学化学实验仪器化、数字化、可视化,实现了化学实验从传统到现代、从定性到定量、从静态到动态的转变,帮助学生解决化学实验疑难,发展学生"证据推理与模型认知、宏观辨识与微观探析"等化学学科核心素养。本章的技术创新类实验,如溶解氧传感器的加盟,让神秘的次氯酸分解进程变成清晰的数据图像;相对压强、NO_2 传感器的介入,能使捉摸不定的氮氧化合从定性走向定量;H_2 传感器、热重分析仪和 xrd 的组合,揭开了镁与碳酸氢钠溶液反应的面纱等。这些实验体现了可探究的特点,也可作为学生开展项目式学习的教学资源。本章将带你走进技术创新的化学实验新世界!

利用传感器技术探究次氯酸催化分解反应

【摘　要】利用溶解氧传感器从催化剂的选择、催化剂用量、氯水 pH、氯水存放时间等角度探究次氯酸催化分解反应的影响因素,改进和优化了次氯酸催化分解的实验方法及实验条件,使得次氯酸分解实验在课堂演示成为可能。

【关键词】次氯酸;钴氧化物;催化分解;溶解氧传感器

一、研究背景

次氯酸是一种重要的无机酸,高中化学中主要介绍了它的弱酸性、不稳定性和强氧化性,其中关于次氯酸不稳定分解的反应,现行的高中化学教材均没有相关的演示实验。这主要是因为次氯酸分解速率比较慢,在短时间内很难观察到明显的实验现象,不适合演示。目前关于次氯酸分解实验的改进主要集中在两个方面:一方面,从光源、次氯酸浓度角度改进以加快次氯酸分解反应速率[1][2];另一方面,改进实验装置方便收集氧气[2][3]。这些改进实验仍存在一些问题,主要如下:

(1)次氯酸分解产生的氧气都是用带火星的木条进行检验,因此需要收集一定量的氧气,对实验装置要求高,不够简便。

(2)次氯酸光照分解实验对光源要求高,如遇阴雨天,光照不充足,很难进行实验。同时,这些改进实验中为了收集到一定量的氧气,常常要使用较多的氯水,不够节约试剂。

(3)这些改进实验的实验时间仍要 5—10 分钟,时间长,不利于在课堂上进行演示。

因此,我们意在进一步改进次氯酸分解实验,以期能简便、快捷地进行实验,使课堂演示该实验成为可能。

二、实验部分

1.实验设计思路

北师大、华中师大等合编的《无机化学》中提到次氯酸在光照或金属化合物催化下能分解产生氧气。[4]因此,我们设想能否用催化剂来加快次氯酸分解反应速率。查阅文献发现,Fe、Co、Ni、Mn、Cu等金属氧化物可以催化次氯酸钠的分解[5],我们猜测这些金属氧化物或许也能催化次氯酸分解。

溶解氧传感器是一种测量氧气在水中的溶解量的传感设备,可以实时检测水溶液中氧气浓度的变化情况,非常灵敏、方便、快捷。因此,我们用溶解氧传感器检测次氯酸分解产生的氧气。

2.实验仪器和药品

实验仪器:溶解氧传感器、温度传感器和pH传感器及配套设备(威成亚)、小烧杯、电子天平、蒸发皿、抽滤装置、玻璃棒、酒精灯、量筒。

实验药品:新制饱和氯水、放置1天氯水、放置3天氯水、NaOH固体、$CoCl_2 \cdot 6H_2O$、NiO、CuO、MnO_2、Fe_3O_4、36.5%浓盐酸、10%NaOH溶液、稀盐酸(pH=1.5)。

3.实验装置

具体实验装置如图1所示。

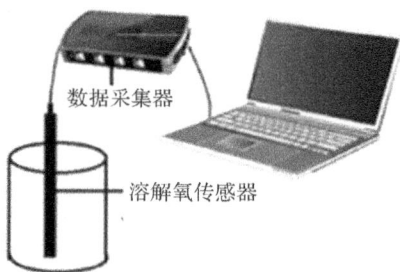

数据采集器

溶解氧传感器

图1　实验装置图

4.实验探究

(1)催化剂的选择。

除钴氧化物外,其余金属氧化物实验室均有现存药品,钴氧化物采用下述实验 1 的方法进行制备。

实验 1：用天平称取约 5 g $CoCl_2 \cdot 6H_2O$，用少量蒸馏水溶解，再加入 20 mL 10% NaOH 溶液，搅拌，抽滤，水洗，将抽滤得到的固体物质放在蒸发皿中灼烧至全部转化为黑色粉末，即得到钴氧化物（Co_2O_3 和 Co_3O_4 混合物）。[4]

实验 2：取 15 mL 新制饱和氯水于小烧杯中，按图 1 连接好装置，打开计算机中 WCY Dislab 软件，点击"开始"按钮，再加入 0.1 g 不同金属氧化物进行实验，得到氯水中溶解氧变化如图 2。

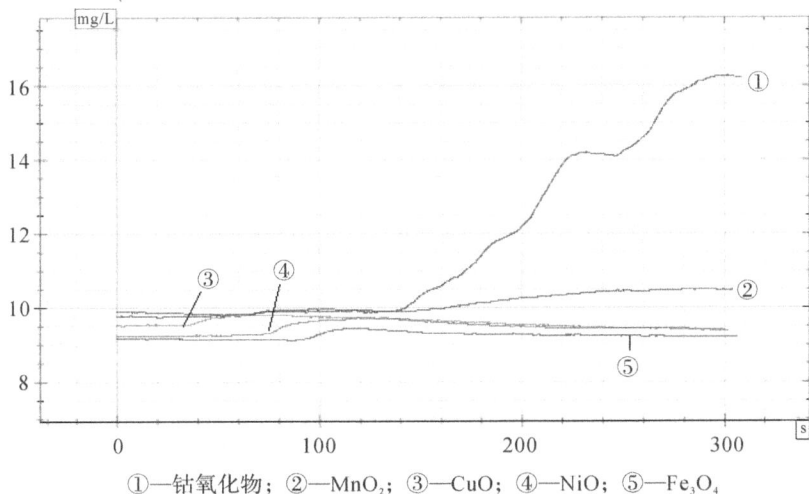

①—钴氧化物；②—MnO_2；③—CuO；④—NiO；⑤—Fe_3O_4

图 2　不同金属氧化物对次氯酸分解反应的影响

图 2 中几条曲线开始阶段溶解氧的变化是加入金属氧化物后造成溶液的扰动而引起的变化，可以忽略（下同）。从整个实验过程中氯水中溶解氧含量的变化来看，NiO、CuO、Fe_3O_4 几乎不能催化次氯酸分解，MnO_2 对次氯酸分解反应略有催化作用，而钴氧化物的催化效果最好。因此，我们选用钴氧化物做次氯酸分解的催化剂。

（2）催化剂用量的选择。

实验 3：各取 15 mL 新制饱和氯水于小烧杯中，分别向氯水中加入不同用量的钴氧化物进行实验，得到溶解氧含量变化如图 3。

由图 3 可知，当钴氧化物用量为 0.05 g 时，氯水中溶解氧含量变化最小，变化趋势最缓和，说明次氯酸催化分解反应速率最慢；当催化剂用量增至 0.1 g 时，次氯酸催化分解反应速率加快；当催化剂用量增至 0.2 g 时，分解反应速率与 0.1 g 时相当。因此，我们确定次氯酸催化分解反应合适的钴氧化物用量为

0.1 g。

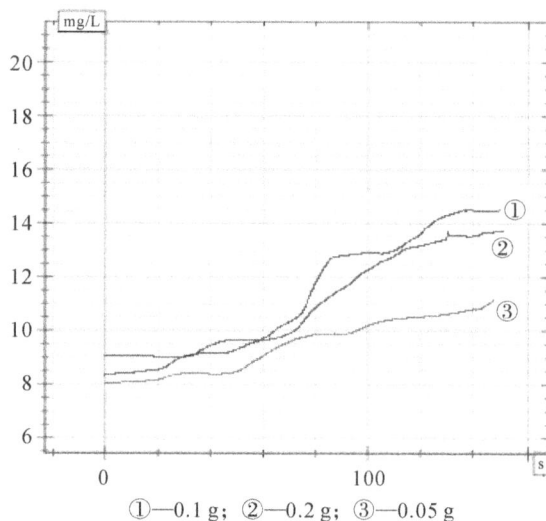

①—0.1 g；②—0.2 g；③—0.05 g

图3　钴氧化物用量对次氯酸催化分解反应的影响

(3)氯水 pH 的影响。

实验4:分别取少量新制饱和氯水(pH=1.5),向其中加入少量 NaOH 固体或浓盐酸,用 pH 传感器监测氯水的 pH,分别制得 pH 为 0.5、5.4、6.4、7.8 的氯水。

实验5:分别取 15 mL 不同 pH 的氯水于小烧杯中,各加入 0.1 g 钴氧化物进行实验,得到溶解氧含量变化如图4。

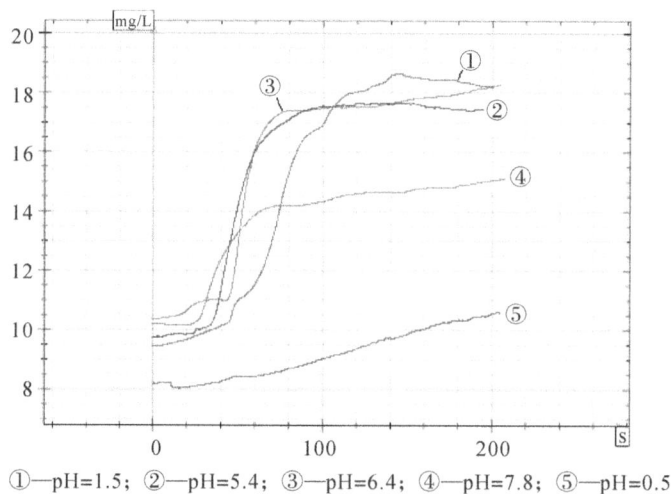

①—pH=1.5；②—pH=5.4；③—pH=6.4；④—pH=7.8；⑤—pH=0.5

图4　氯水 pH 对次氯酸催化分解反应的影响

由图 4 中 5 条曲线斜率可知，次氯酸分解反应速率快慢顺序为②≈③＞①＞④＞⑤。这是因为 5 条曲线代表的次氯酸浓度大小顺序为②≈③＞①＞④＞⑤，次氯酸浓度越大，分解反应速率越快。所以，通过调节氯水的 pH 可以改变氯水中次氯酸浓度，从而引起次氯酸催化分解反应速率的改变。

（4）氯水存放时间的影响。

实验 6：分别取 15 mL 不同存放时间的氯水于小烧杯中，各加入 0.1 g 钴氧化物进行实验，得到溶解氧含量变化如图 5。

由图 5 曲线可知，氯水不避光存放时间越久，次氯酸催化分解反应速率越慢。这是因为氯水在放置过程中次氯酸在不断地缓慢发生分解，放置时间越久，次氯酸浓度越小，催化分解反应速率越慢。

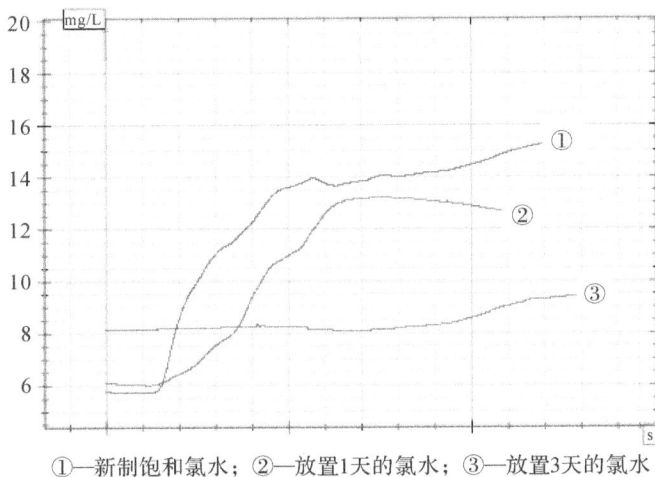

①—新制饱和氯水；②—放置 1 天的氯水；③—放置 3 天的氯水

图 5　氯水存放时间对次氯酸催化分解反应的影响

（5）光照与催化条件下次氯酸分解反应对比。

实验 7：各取 15 mL 新制饱和氯水于小烧杯中，其中一个不加催化剂放置在太阳光下，另一个加入 0.1 g 钴氧化物放置在阴凉处进行实验，得到两种情况下溶解氧浓度变化如图 6。

由图 6 可知，在催化剂存在下氯水中溶解氧含量变化比光照下更快，因此，次氯酸在催化条件下的分解反应速率比光照下更快。

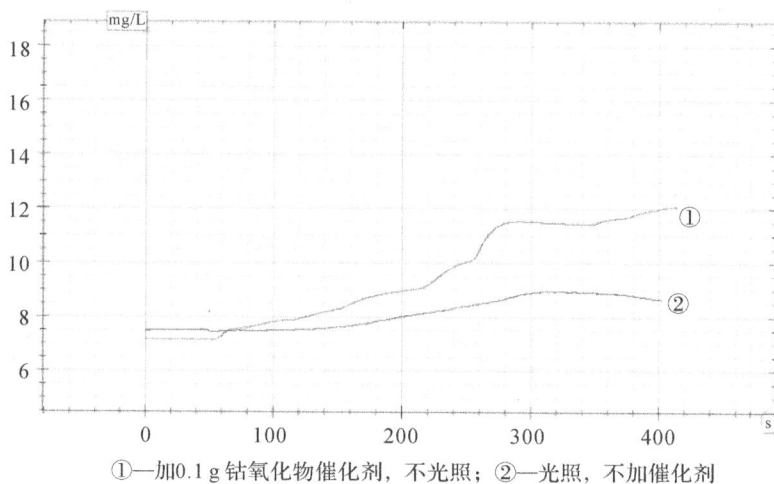

①—加0.1 g钴氧化物催化剂,不光照; ②—光照,不加催化剂

图6　光照与催化条件下次氯酸分解反应对比

(6)次氯酸催化分解过程中温度和pH的变化。

实验8:取15 mL新制饱和氯水于小烧杯中,同时连接溶解氧、温度、pH传感器,再加入0.1 g钴氧化物进行实验,得到溶解氧含量、温度、pH变化情况如图7。

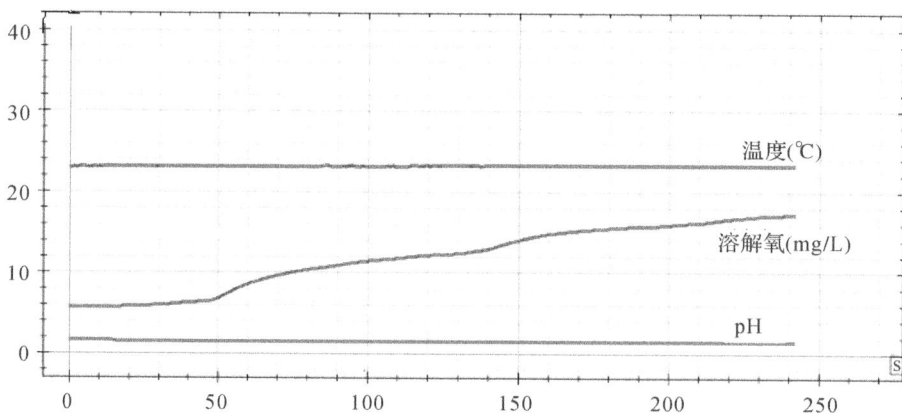

图7　次氯酸催化分解过程中溶解氧、温度和pH变化

反应过程中,溶液中溶解氧含量在加入催化剂后持续增加,而温度和pH基本不变。这是因为整个反应过程中发生分解的次氯酸很少,溶解氧传感器灵敏度高,可以检测到氧气浓度的变化,但是温度和pH传感器的灵敏度不足以检测这些微量的变化。假设反应过程中溶解氧改变量为$8 \text{ mg} \cdot \text{L}^{-1}$,相关计算如下:

15 mL 氯水中增加的氧气量为：$n(O_2) = \dfrac{8 \times 10^{-3} \times 15 \times 10^{-3}}{32} = 3.75 \times 10^{-6}$ mol

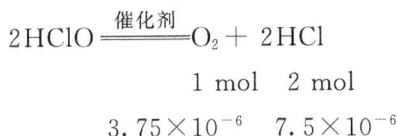

$$2HClO \xrightarrow{\text{催化剂}} O_2 + 2HCl$$

$$1\ \text{mol} \qquad 2\ \text{mol}$$

$$3.75 \times 10^{-6} \qquad 7.5 \times 10^{-6}$$

$c_{新增}(H^+) = \dfrac{7.5 \times 10^{-6}}{1.5 \times 10^{-3}} = 5 \times 10^{-4}$ mol·L^{-1}，与原溶液中 $c_{原}(H^+) = 10^{-1.5}$ = 0.032 mol·L^{-1} 相比，氢离子浓度增加得很少，可以忽略，因此反应过程中 pH 基本不变，同理，温度亦是如此。

（7）钴氧化物是催化剂的证据。

如果钴氧化物不是次氯酸分解的催化剂，我们猜想氯水中加入钴氧化物后引起溶解氧含量变化可能是这些原因：原因一，钴氧化物在酸性溶液中反应产生氧气，$2Co_2O_3 + 8H^+ == 4Co^{2+} + O_2 \uparrow + 4H_2O$[6]；原因二，钴氧化物与盐酸反应，$Co_2O_3 + 2Cl^- + 6H^+ == 2Co^{2+} + Cl_2 \uparrow + 3H_2O$[6]，$Co_3O_4 + 2Cl^- + 8H^+ == 3Co^{2+} + Cl_2 \uparrow + 4H_2O$[6]，盐酸浓度降低，使得 $Cl_2 + H_2O \rightleftharpoons HCl + HClO$ 平衡正移，增大了次氯酸浓度，从而加快次氯酸分解产生氧气的速率；原因三，钴氧化物直接与次氯酸反应产生氧气。我们通过设置以下对比实验进行探究。

实验 9：取 15 mL 稀盐酸（pH=1.5）于小烧杯中，加入 0.1 g 钴氧化物进行实验，得到溶解氧浓度变化情况如图 8、表 1。

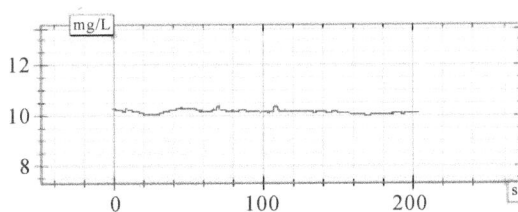

图 8　稀盐酸中加入 0.1 g 钴氧化物后溶解氧浓度变化

表 1　同 pH 的盐酸和氯水中各加入 0.1 g 钴氧化物后实验现象对比

实验样品	反应后溶液颜色	气泡情况	溶解氧含量变化值
稀盐酸（pH=1.5）	无色	无气泡产生	0
新制氯水（pH=1.5）	无色	较多气泡产生	7—8 mg·L^{-1}

由图 8 可知，稀盐酸中加入 0.1 g 钴氧化物，溶解氧没有变化，说明新制氯

水中加入钴氧化物后溶解氧含量的增大不是钴氧化物在酸性溶液中反应产生的氧气,原因一不成立。由表1知,稀盐酸中加入钴氧化物,没有气泡产生,盐酸溶液颜色无变化,说明钴氧化物不与稀盐酸反应,原因二也不成立。新制氯水中加入钴氧化物反应一段时间后,过滤除去钴氧化物,所得滤液颜色仍是无色,说明无 Co^{2+} 的产生,原因三不成立。因此,我们推断钴氧化物是次氯酸分解的催化剂。

5.实验结论及可能的反应机理

(1)实验结论。

少量钴氧化物可以很好地催化次氯酸分解产生氧气,当氯水中次氯酸浓度增大时,分解反应速率加快,且在钴氧化物催化下次氯酸的分解速率比光照条件下更快。

(2)可能的反应机理。

根据文献报道,我们推测钴氧化物催化下的次氯酸分解反应按如下反应机理进行[5]:

$$Co_2O_3 + HClO === 2CoO + O_2 + HCl \qquad ①$$
$$2CoO + HClO === Co_2O_3 + HCl \qquad ②$$

次氯酸的氧化能力很强,在新制氯水中次氯酸的浓度也尚可,因此我们认为其可以氧化 CoO 到 Co_2O_3。钴氧化物中的 Co_3O_4 或许也能像上述①②反应式一样参与次氯酸的分解反应,具体的反应机理有待进一步研究。

三、实验研究的意义

根据上述研究,我们设计的次氯酸分解实验为:取 15 mL 新制饱和氯水于小烧杯中,连接溶解氧传感器,再加入 0.1 g 钴氧化物进行实验,观察实验现象。该次氯酸分解实验具有以下优点。

1.简化实验装置

我们设计的次氯酸分解实验只需要一个小烧杯、溶解氧传感器及配套数字化实验设备,不需要搭建复杂的装置,可以方便地进行实验。

2.简化实验条件

我们设计的次氯酸分解实验不需要光照,摆脱了光对次氯酸分解实验的限制,可以随时进行实验。同时,在我们设计的次氯酸分解实验中,只要不是放置时间很久的氯水,都能实现次氯酸分解实验,方便氯水的制取。而且,用我们的方法进行次氯酸分解实验,氯水用量大大减少,节约了试剂。

3.检验氧气更为方便,实验时间更短

我们利用溶解氧传感器检测次氯酸分解产生的氧气,整个实验操作的过程只需要 2—3 分钟,更节约时间,有利于进行课堂演示实验。

参考文献

[1] 吴民生.光照氯水实验新设计[J].化学教学,2014(8):52-54.

[2] 陆燕海,嵇月萍.氯水光解实验的改进[J].化学教学,2012(7):47-48.

[3] 马喜军.对次氯酸分解演示实验的微型环保设计[J].教学仪器与实验,2014(10):46-47.

[4] 北京师范大学,华中师范大学,南京师范大学.无机化学(下)[M].北京:高等教育出版社,2003:476-779.

[5] 邵黎歌,陈卿.次氯酸钠的分解特性及提高其稳定性能的途径[J].氯碱工业,1997(4):21-24.

[6] 蔡少华,黄坤耀,张玉容.元素无机化学[M].广州:中山大学出版社,1998:247-248.

(发表于《化学教学》2020 年第 2 期)

氮氧化物转化实验的"三化"改进

【摘　要】分析苏教版《化学 1》用铜与稀硝酸反应制备一氧化氮及苏教版《实验化学》利用针筒研究压强对二氧化氮与四氧化二氮相互转化平衡移动的影响两个实验的不足之处，巧妙利用针筒、J 形管及色度传感器使实验现象明显化、实验效果绿色化、实验过程一体化。

【关键词】氮氧化物转化；实验改进；色度传感器；数字化实验

一、问题的提出

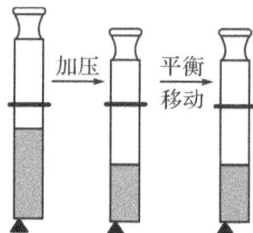

氮氧化物的转化和压强对化学平衡的影响都是高中化学重难点知识。现行苏教版《化学 1》利用图 1 制备 NO，在该实验过程中左侧大试管中充满了红棕色 NO_2 气体，经排水法在右侧小试管中能收集到无色 NO 气体。由于 NO_2 与 H_2O 反应也能生成 NO 气体，故该实验并不能说明铜片与稀硝酸会产生无色 NO 气体，而且实验中难免会产生氮氧化物污染环境。教材《实验化学》利用图 2 探究了压强对 NO_2 和 N_2O_4 相互转化平衡移动的影响，实验过程中加压颜色加深较明显，但随后气体颜色变浅的过程并不明显，肉眼观察比较困难。

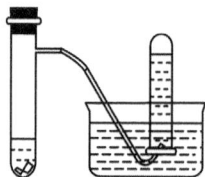

图 1　制取 NO 装置图　　图 2　加压对化学平衡的影响

一线教师对上述实验进行了多次改进，但均存在不足之处。陈云老师提出了用单连球连接分液漏斗的装置改进了 NO 与 NO$_2$ 相互转化装置,解决了环境污染问题,但是并没有解决 NO 制备过程中 NO$_2$ 的干扰。[1]刘英杰老师、潘祥泰老师各自使用注射器改进了实验,但是刘英杰老师的方案中需用尼龙窗纱线把铜片和环形小磁铁捆在一起[2],潘祥泰老师的方案需要用到 2 个注射器和 2 个止水夹[3],操作较烦琐,而且实验过程中排尽装置中的空气相当困难。张玉娟老师、高兴邦老师各自提出了利用压强传感器和色度计验证压强对 NO$_2$ 和 N$_2$O$_4$ 相互转化平衡移动的影响,但是两个方案都没交代如何在不污染环境的前提下制备 NO$_2$ 气体于试管或针筒中。[4][5]

二、实验原理

铜与稀硝酸反应会产生无色的一氧化氮,一氧化氮遇空气很快转化成红棕色气体二氧化氮,二氧化氮又会与水反应生成一氧化氮。

$$3Cu + 8HNO_3(稀) == 3Cu(NO_3)_2 + 2NO\uparrow + 4H_2O$$

$$2NO + O_2 == 2NO_2$$

$$3NO_2 + H_2O == 2HNO_3 + NO$$

二氧化氮也会与四氧化二氮相互转化,压强对该平衡移动会有影响。

$$2NO_2 \rightleftharpoons N_2O_4$$

三、实验药品与仪器

1∶4 稀硝酸、铜片、针筒、J 形管、橡皮塞、比色皿、色度传感器、数据采集器、计算机。

四、实验改进

1.观察一氧化氮的生成

按图 3 将 3 片铜片插入橡胶塞底部,并将针筒插入橡胶塞(俯视如图 4 所示)待用。先往 J 形管中加入 1∶4 稀硝酸至短管处液面即将溢出,再按图 5 所示将橡胶塞安装在 J 形管的短管处,确保橡胶塞下方无气泡。观察反应生成的无色一氧化氮气体。

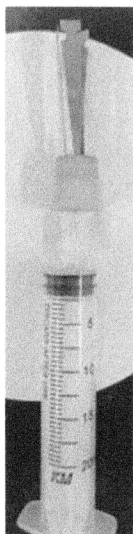

图3 铜片安装图　　　图4 俯视图　　　图5 整套实验装置图

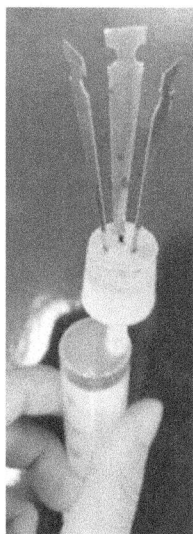

2.一氧化氮和二氧化氮的相互转化

利用针筒抽取J形管短管处产生的NO气体(图6),往针筒中抽取空气(图7),可实现NO向NO_2的转化,再往针筒中抽水即可实现NO_2向NO的转化(图8)。

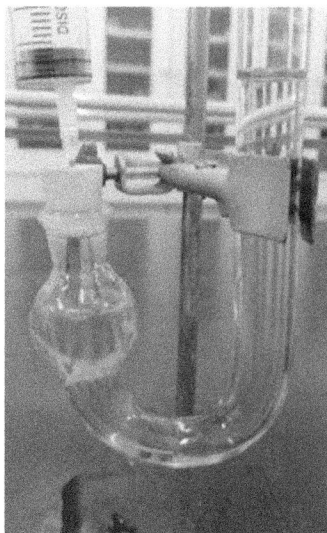

图6 针筒抽取NO气体　　　图7 NO向NO_2转化实验　　　图8 NO_2向NO转化实验

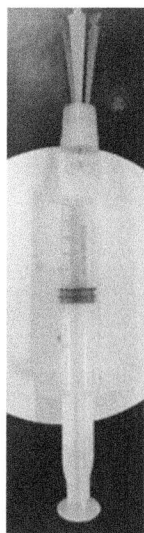

3.压强对二氧化氮与四氧化二氮平衡移动的影响

将橡皮塞切成方形,使之恰好塞紧比色皿口并将收集了 NO_2 的针筒插进比色皿。如图 9 所示,连接色度传感器、数据采集器和计算机。打开计算机,选择通用软件即可显示色度传感器窗口。点击"B"按钮选择蓝光。反复压缩、拉伸针筒,绘制透光率随时间的变化曲线。

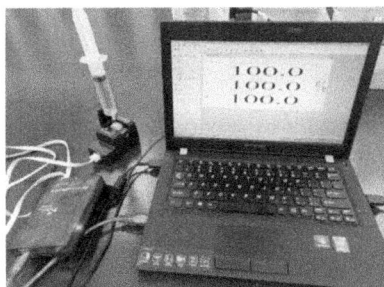

图 9 数字化实验装置

五、实验结果分析与讨论

实验 1 由于排除了空气中氧气的干扰,在 J 形管的短管处观察到了无色 NO 气体的产生,现象十分明显。

实验 2 使用针筒抽取 NO 后,由于针尖处有少量的空气,观察到气体略显红色。再抽空气可观察到气体颜色明显加深。

实验 3 观察到比色皿中气体的透光率随压缩和拉伸针筒的变化曲线如图 10 所示。

O—A:针筒插入比色皿后测得的透光率;A—B:加压后 NO_2 浓度瞬间增大,透光率降低;B—C:$2NO_2 \rightleftharpoons N_2O_4$ 平衡右移,NO_2 浓度降低,透光率增大;C—D:建立新的平衡;D—E:减压后 NO_2 浓度瞬间降低,透光率增大;E—F:$2NO_2 \rightleftharpoons N_2O_4$ 平衡左移,NO_2 浓度增大,透光率降低;F—G:建立新的平衡。

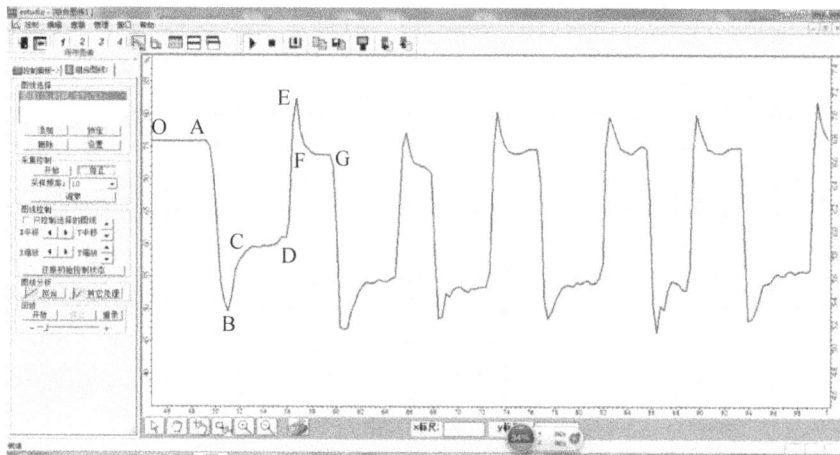

图 10   透光率随压强变化曲线

六、实验反思

（1）本实验使用针筒和 J 形管，观察到了无色一氧化氮气体的产生，有效避免了氮氧化物的排放，而使用色度传感器代替人眼观察颜色的变化，实现了实验现象明显化、实验效果绿色化。

（2）实验 1 制备的一氧化氮用于实验 2 探究一氧化氮和二氧化氮的相互转化，实验 2 中产生的二氧化氮用于实验 3 探究压强对平衡的影响，达到了一体化的效果。有利于培养学生变化观念与平衡思想核心素养。

（3）实验中采用 3 片铜片、1∶4 浓度的稀硝酸，均明显加快了反应速率，缩短了等待时间，比色皿的气密性是实验 3 成功与否的关键因素。

参考文献

[1] 陈云.NO 与 NO₂ 相互转化装置的改进[J].化学教与学,2016(3):96-97.

[2] 刘英杰.NO 气体制备和性质实验装置的改进与创新[J].化学教学,2008(1):18-20.

[3] 潘祥泰.NO 的制备和性质实验的改进与创新[J].化学教学,2014(2):44-45.

[4] 张玉娟.传感技术应用于压强对化学平衡影响的研究[J].中学化学教学参考,2011(7):50.

[5] 高兴邦.利用色度计验证压强对化学平衡的影响[J].化学教育,2014(9):71-72.

（发表于《教育与装备研究》2020 年第 6 期）

再探镁与碳酸氢钠溶液的反应

【摘 要】通过对镁和碳酸氢钠溶液反应产生的白色不溶物的热重分析和 xrd 分析确定白色不溶物为 $MgCO_3 \cdot nH_2O$，并通过系列对比实验进一步验证了镁和碳酸氢钠溶液反应的机理。

【关键词】镁；碳酸氢钠；反应机理；碳酸镁

一、问题的提出

段昌平的论文中提到，擦去氧化膜的镁片能和碳酸氢钠溶液反应产生氢气及白色不溶物，他从溶解度的角度分析推测白色不溶物为 $Mg_2(OH)_2CO_3$，并提出反应方程式为：$2Mg + 2NaHCO_3 + 2H_2O \longrightarrow Mg_2(OH)_2CO_3 + Na_2CO_3 + 2H_2 \uparrow$。[1]

吴文中以镁与水反应为研究对象，通过计算讨论碳酸氢钠能加快镁与水反应的化学热力学、动力学原因后，认为碳酸氢根离子破坏了金属镁表面的氢氧化镁是镁和碳酸氢钠溶液能发生反应的主要原因。[2]

姜伟通过滴定法测定了镁和饱和碳酸氢钠溶液反应产生的白色不溶物中镁的质量分数，并与几种常见的碱式碳酸镁中镁的质量分数进行对比，得出白色不溶物为 $3MgCO_3 \cdot Mg(OH)_2 \cdot 3H_2O$。[3]

以上研究中，均没有对镁和碳酸氢钠溶液反应产生的白色不溶物进行科学的分析，也没有对镁和碳酸氢钠溶液反应的机理进行实验研究。本文通过对白色不溶物的热重分析和 xrd 分析确定白色不溶物为 $MgCO_3 \cdot nH_2O$，并通过系列对比实验进一步验证镁和碳酸氢钠溶液反应的机理。

二、实验仪器与药品

实验仪器：氢气传感器及配套设备（威成亚）、试管、简易抽滤装置、烧杯、玻璃棒、冷冻干燥机（SCIENTZ-10N）、热重分析仪（TAQ500-TGA）、xrd（X' Pert pro MPD）。

实验药品：饱和 $NaHCO_3$ 溶液、0.1 mol·L^{-1} $NaHCO_3$ 溶液、0.5 mol·L^{-1} $NaHCO_3$ 溶液、3 mol·L^{-1} $KHCO_3$ 溶液、0.5 mol·L^{-1} Na_2CO_3 溶液、擦去氧化膜的镁片、稀 $BaCl_2$ 溶液。

三、实验探究

1. 镁和饱和碳酸氢钠溶液反应产物分析

实验1：取擦去氧化膜的镁片（约 1.2 g）与 50 mL 饱和 $NaHCO_3$ 溶液反应，用氢气传感器检测气体为 H_2，反应结束后，过滤得白色不溶物和滤液。

实验2：取 2 mL 实验1的滤液于试管中，滴加 3 滴稀 $BaCl_2$ 溶液，产生白色沉淀（该稀 $BaCl_2$ 溶液与饱和 $NaHCO_3$ 溶液作用不产生白色沉淀）。

实验3：取实验1的白色不溶物经洗涤，冷冻干燥后进行热重分析和 xrd 分析，结果图1、图2所示。

从实验1、实验2检测结果可知镁与碳酸氢钠溶液反应产生了 H_2 和 CO_3^{2-}。从热重分析图看，300℃之前失重是结晶水质量，350—450℃失重为 CO_2 质量，最后剩余质量为 MgO 质量，计算得 $n(MgO):n(CO_2):n(H_2O) = \dfrac{33.03}{40}:\dfrac{41.61}{44}:\dfrac{25.36}{18} \approx 1:1:1.5$，其中结晶水因为冻干处理等影响可能部分失水，不能简单认为就是 1.5，且产物结晶水数目对反应机理的分析影响不大，因此，我们确定白色不溶物为 $MgCO_3 \cdot nH_2O$，这与之前的文献报道很不一样。xrd 的分析结果进一步验证了热重分析的结果，样品的出峰和碳酸镁的标准谱线匹配度高。

因此，通过实验1、实验2和实验3可知，镁和饱和碳酸氢钠溶液反应产生了 H_2、$MgCO_3 \cdot nH_2O$ 和 CO_3^{2-}，反应的方程式可表示为：$Mg + 2NaHCO_3 + nH_2O = MgCO_3 \cdot nH_2O + Na_2CO_3 + H_2 \uparrow$。

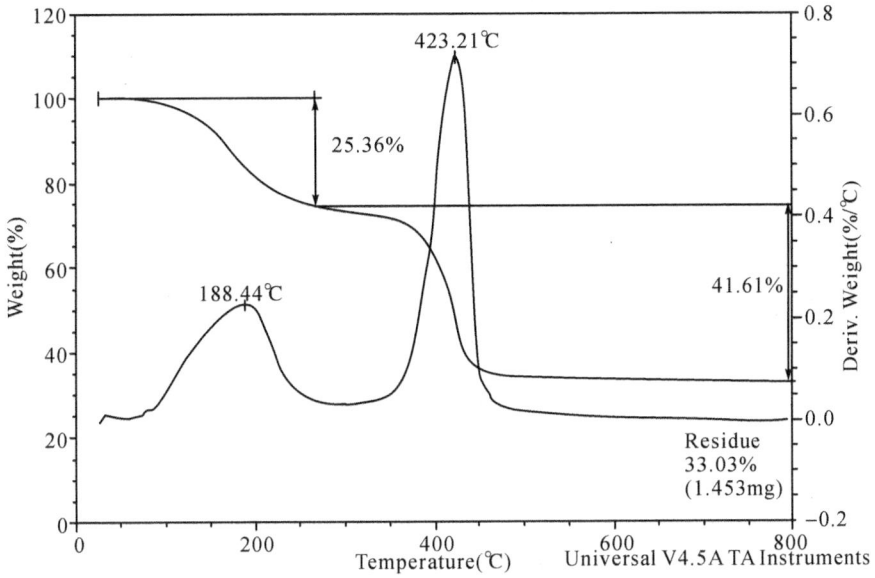

图 1　热重分析数据图

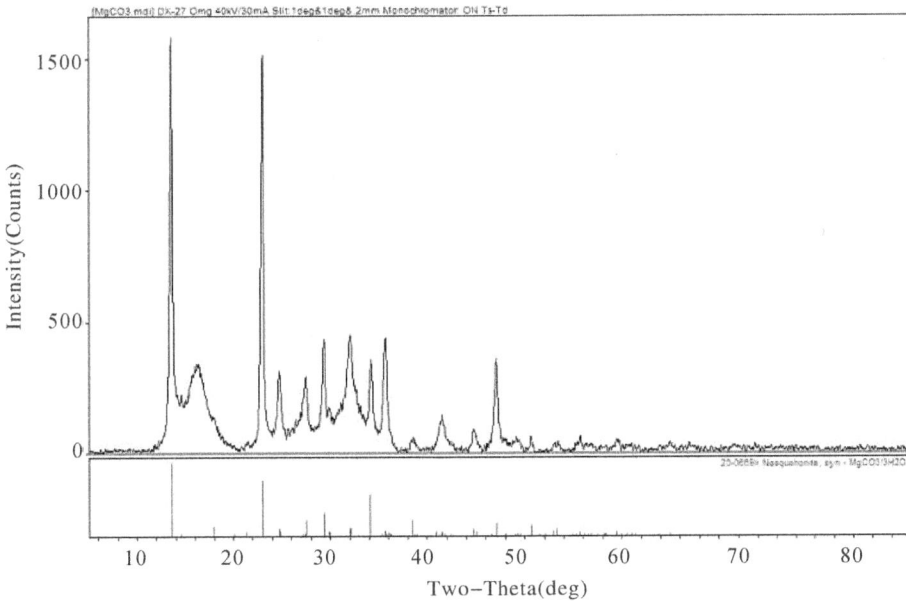

图 2　xrd 分析图谱

2.反应机理分析及实验验证

通过研究文献发现,镁和水的反应之所以不易进行是因为反应生成的氢氧化镁覆盖在镁片表面,使得镁与水接触面积变小,阻碍反应进行,而镁和碳酸氢钠溶液的反应之所以能持续进行是因为碳酸氢根离子破坏了镁与水反应产生的氢氧化镁,使得镁与水的反应能持续进行。[2]根据我们前述实验的研究,写出氢氧化镁溶解于碳酸氢钠溶液的反应方程式如下:

$$Mg(OH)_2 + 2HCO_3^- + (n-2)H_2O \rightleftharpoons MgCO_3 \cdot nH_2O + CO_3^{2-} \qquad (1)$$

反应的平衡常数为:

$$K = \frac{c(CO_3^{2-})}{c^2(HCO_3^-)} = \frac{K_{a2}(H_2CO_3)}{c(HCO_3^-) \cdot c(H^+)} = \frac{K_{a2}(H_2CO_3)}{K_{a1}(H_2CO_3) \cdot c(H_2CO_3)}$$

$$= \frac{4.7 \times 10^{-11}}{4.45 \times 10^{-7} \cdot c(H_2CO_3)}$$

碳酸氢钠溶液中$c(H_2CO_3) < 10^{-3}$,则上述计算式的$K > 10.5$,上述反应正向进行趋势较大。[4]同时,观察镁与碳酸氢钠溶液反应现象可知,反应产生的大量气体使得碳酸镁沉淀没有覆盖在镁片表面,反应结束后白色不溶物呈絮状分布在溶液中。因此,理论上我们可以认为镁与水反应产生的氢氧化镁在碳酸氢钠溶液中可以转化为疏松的碳酸镁沉淀。

根据平衡原理,反应(1)$Qc = \frac{c(CO_3^{2-})}{c^2(HCO_3^-)}$,$CO_3^{2-}$浓度越大,Qc越小,将有利于$Mg(OH)_2$沉淀的溶解,而$CO_3^{2-}$浓度越大,则越不利于$Mg(OH)_2$的溶解,设计如下实验进行验证。

实验4:取等质量的镁片(约0.1 g)与等体积不同浓度的碳酸氢根离子反应,观察不同反应阶段的现象,结果如表1。

表1　等量镁片与等体积不同浓度的碳酸氢根离子的反应情况

	0.1 mol·L⁻¹ NaHCO₃ 溶液	0.5 mol·L⁻¹ NaHCO₃ 溶液	饱和 NaHCO₃ 溶液(约 1 mol·L⁻¹)	3 mol·L⁻¹ KHCO₃ 溶液
开始时	产生气泡速率慢	快速产生较多气泡	快速产生较多气泡	产生气泡比饱和 NaHCO₃ 试管稍快
10分钟	仅少量气泡产生	产生气泡速率减慢	产生气泡速率仍较快	产生气泡比饱和 NaHCO₃ 试管稍快
结束时	极少量白色沉淀	有白色沉淀,较饱和 NaHCO₃ 的少	较多白色沉淀	较多白色沉淀

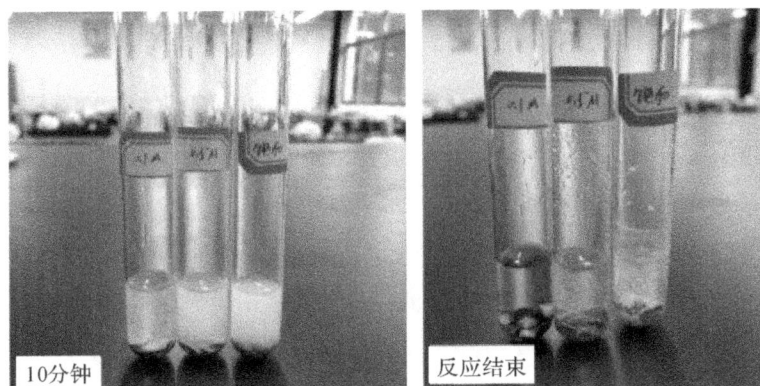

图 3 镁和等体积不同浓度($0.1\ \text{mol}\cdot\text{L}^{-1}$，$0.5\ \text{mol}\cdot\text{L}^{-1}$，饱和溶液)的 $NaHCO_3$ 溶液反应图

实验 5：取等质量的镁片(约 $0.1\ \text{g}$)与等体积 $0.5\ \text{mol}\cdot\text{L}^{-1}\ NaHCO_3$ 溶液、$0.25\ \text{mol}\cdot\text{L}^{-1}\ NaHCO_3$ 和 $0.25\ \text{mol}\cdot\text{L}^{-1}\ Na_2CO_3$ 混合溶液、$0.5\ \text{mol}\cdot\text{L}^{-1}$ Na_2CO_3 溶液反应，观察不同反应阶段的现象，结果如下表。

表 2 等量镁片与等体积 Na_2CO_3、$NaHCO_3$ 以及两者的混合溶液反应情况

反应时间	$0.5\ \text{mol}\cdot\text{L}^{-1}$ $NaHCO_3$ 溶液	$0.25\ \text{mol}\cdot\text{L}^{-1}\ NaHCO_3$ 和 $0.25\ \text{mol}\cdot\text{L}^{-1}\ Na_2CO_3$ 混合液	$0.5\ \text{mol}\cdot\text{L}^{-1}$ Na_2CO_3 溶液
开始时	快速产生较多气泡	快速产生较多气泡	极少量气泡
10 分钟	产生气泡速率减慢	产生气泡速率较 $0.5\ \text{mol}\cdot\text{L}^{-1}$ $NaHCO_3$ 试管慢	无现象
停止时	有白色沉淀	有白色沉淀，较 $0.5\ \text{mol}\cdot\text{L}^{-1}$ $NaHCO_3$ 试管中量少	几乎无白色沉淀

通过实验 4 几组反应对比可见，HCO_3^- 浓度越大，镁和碳酸氢钠的反应进行得越快(从产生气泡的快慢角度分析)，生成的沉淀也越多，说明 HCO_3^- 浓度增大对镁和碳酸氢钠溶液的反应是有利的。通过实验 5 几组反应的对比可见，CO_3^{2-} 浓度越大，镁和碳酸氢钠的反应进行得越慢，当改用 $0.5\ \text{mol}\cdot\text{L}^{-1}$ Na_2CO_3 溶液时，镁几乎不发生反应，说明 CO_3^{2-} 浓度增大对镁和碳酸氢钠溶液的反应是不利的。因此，我们认为镁和碳酸氢钠反应的机理是因为碳酸氢根离子破坏了镁与水生成的氢氧化镁，使其转化为更疏松的 $MgCO_3\cdot nH_2O$，使得镁和水的反应能持续进行，产生大量氢气。

同时，也有文献[2]认为碳酸氢钠溶液本身是一个缓冲溶液，在一定的浓度范围内,溶液的 pH 值可以维持在 8.31 左右,使得溶液中的 H^+ 具有一定的氧化性,从而促使镁和碳酸氢钠不断反应产生氢气。

四、结　论

镁之所以能和碳酸氢钠溶液反应是因为碳酸氢根离子破坏了镁与水反应生成的氢氧化镁覆盖膜生成了碳酸镁沉淀,在气体作用下碳酸镁散落在溶液中,使得镁和水的反应可以持续进行,镁与碳酸氢钠溶液反应的方程式为:$Mg + 2NaHCO_3 + nH_2O \Longrightarrow MgCO_3 \cdot nH_2O + Na_2CO_3 + H_2 \uparrow$。

参考文献

[1] 段昌平.探究实验中的一个意外发现——镁与碳酸氢钠溶液反应产生大量氢气[J].化学教育,2012(8):82-83.

[2] 吴文中.镁与碳酸氢钠溶液反应初探[J].化学教与学,2014(10):81-83.

[3] 姜伟,何月华.镁与碳酸氢钠溶液反应的再探究[J].中学化学教学参考,2015(6):56-57.

[4] 伍强.碳酸氢钠溶液中微粒浓度大小的研究[J].化学教育,2016(9):70-72.

（发表于《中学化学教学参考》2019 年第 2 期）

模拟氮气与氧气雷电反应实验的简易方法研究

【摘　要】设计了脉冲打火器、防狼电棍高压放电条件下氮气和氧气反应的实验装置。利用二氧化氮、氧气和相对压强传感器测量放电后二氧化氮浓度、氧气含量和相对压强变化，停止放电后二氧化氮浓度继续增加，氧气含量继续减小，相对压强略有变化，说明反应过程中生成了一氧化氮。向体系中注入紫色石蕊试液后变红，二氧化氮浓度和氧气含量进一步减小，证实了"雷雨发庄稼"三步化学反应。

【关键词】氮气和氧气反应；高压放电；传感器

一、问题的提出

苏教版《化学1》专题4"氮氧化物的产生及转化"[1]介绍了氮气和氧气在放电条件下能够发生反应，并给出了"雷雨发庄稼"相关联的3个主要化学方程式。这3个反应是课堂教学的重要内容，尤其是氮气和氧气的放电反应，神秘而震撼，也是最能激起学生探究欲望的实验，但遗憾的是教材上并没有给出适合课堂演示的实验设计，导致课堂上教师只能被动地介绍放电反应，学生则缺少必要的感性认识，这不利于学生对该知识的理解。

令人欣慰的是，众多的化学同仁，聪慧而又极具探索精神。王锦化等利用电子感应圈制造超高压电弧，模拟闪电条件下氮气和氧气的反应并开发出一套演示装置。[2]王保强等利用电子感应圈、传感器模拟闪电反应并开展数字化实验探究，笔者也尝试利用电子感应圈（图1）来模拟闪电反应，实验中撼人心弦的超高压电弧

图1　电子感应圈制造超高压电弧

明亮而清脆。然而 100 kV 的超高压,在没有足够屏蔽措施的情况下也难免让人心生畏惧,这显然不是课堂演示实验的理想方式。

为此我们经过多次尝试,对实验进行了改进,利用脉冲电子打火器和防狼电棍设计了三种非常理想的实验方法,操作安全,简单快捷,现象明显。

二、实验原理

$$O_2 + N_2 \xrightarrow{\text{放电}} 2NO(\text{无色})$$
$$2NO + O_2 \xrightarrow{\hspace{1cm}} 2NO_2(\text{红棕色})$$
$$3NO_2 + H_2O \xrightarrow{\hspace{1cm}} 2HNO_3 + NO$$

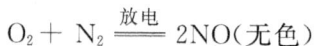

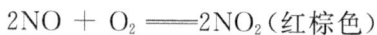

三、实验仪器与药品

脉冲电子打火器(网购居家必备型)、防狼电棍(HY-X8)、0 号微型密封袋、注射器、二氧化氮传感器(朗威 V8.0)、压强传感器(朗威 V8.0)、氧气传感器(朗威 V8.0)、数据采集器、数据线、生料带、橡胶塞(打孔)、细口瓶、长方形保鲜盒(380 mL)、四颈烧瓶、紫色石蕊试液。

四、实验的改进

1.方案 1

实验步骤:

(1)取 2 个干燥洁净的细口瓶(50 mL),1 个用做空白试验。

(2)取脉冲电子打火器,在距离点火端 2 cm 处缠绕生料带,伸入 1 个细口瓶中,使其恰好密封且不接触瓶底。

(3)打开脉冲电子打火器开关,连续放电 1 分钟(见图 2)。

(4)将 2 个细口瓶并排放置,对照观察颜色不同。

(5)取出脉冲电子打火器,再向细口瓶中加入紫色石蕊试液,观察现象。

实验现象:产生红棕色气体(见图 3),紫色石蕊试液变红色。

优点:操作简单,现象明显,实验安全,2 分钟内完成实验。

缺点:对于氮气和氧气放电条件反应,先生成一氧化氮,再转化生成二氧化氮的反应过程探究不够深入。

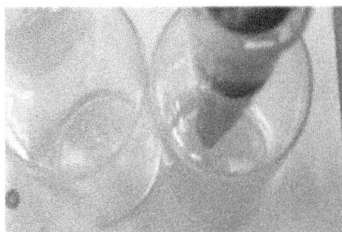

图2 脉冲电子打火器放电1分钟图　　图3 紫色石蕊试液变红(右瓶对照)

2.方案2

实验步骤:

(1)取1个长方形保鲜盒(380 mL),在塑料盒盖上打好4个孔。

(2)取脉冲电子打火器,在距离点火端1 cm处缠绕生料带,对孔插入保鲜盒中,确保密封且不接触底部。

(3)分别将3个传感器(氧气、二氧化氮、相对压强)参照(2)操作,再将充满氧气的医用盐水袋接上三通阀(医用),1端对孔(与相对压强传感器同孔)插入保鲜盒中,连接数据线和数据采集器。

(4)取注射器接入三通阀,检查装置气密性。

(5)打开脉冲电子打火器开关,连续放电(见图4),采集数据。

(6)6分钟后停止放电,鼓入氧气,采集数据。

(7)再过5分钟,关闭三通阀(氧气端),用注射器向装置中加入紫色石蕊试液,采集数据,观察现象。

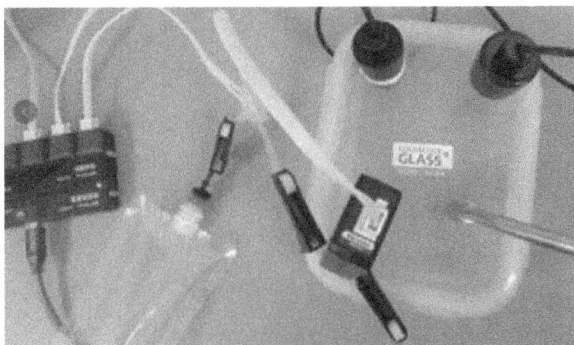

图4 脉冲放电数据采集装置

实验现象:前 360 s 装置内产生棕色气体,停止放电通氧气后棕色变深,注入紫色石蕊试液后变红色。

数据分析:实验数据曲线如图 5 所示,曲线图中 1 通道为相对压强(-20—+20 kPa),2 通道为二氧化氮浓度(0.0—200.0 ppm),3 通道为氧气含量(0.0—100.0%)。0—360 s 为放电时间,361—470 s 为停止放电后,471—520 s 逐步通入氧气,521—740 s 为通入氧气后,741 s 时快速注入石蕊试液。

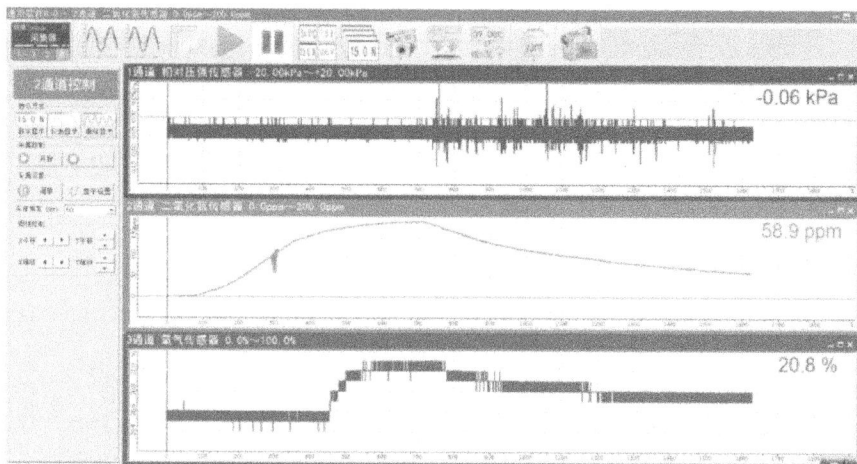

图 5　脉冲放电模拟"雷电反应"实验数据曲线图

(1)通过图像可知,在前 360 s 放电过程中,二氧化氮浓度持续增加,氧气含量相应减少(幅度不大),361 s 以后停止放电,二氧化氮浓度继续增加,氧气含量继续减少(幅度不大),充分说明 N_2 和 O_2 在放电过程中首先产生 NO,生成的 NO 再和 O_2 进一步反应转化为 NO_2。

(2)图像显示,471—520 s 逐步通入 O_2 过程中,O_2 含量明显增加,NO_2 浓度增大,从 521 s 停止通 O_2 到 740 s 期间,NO_2 浓度继续增大,以上事实足以说明在密闭容器中发生反应 $2NO + O_2 \Longrightarrow 2NO_2$ 需要一个过程。

(3)图像显示,740 s(注入石蕊试液)之后,O_2 含量明显减小,NO_2 浓度明显减小,加入紫色石蕊试液明显变红,我们不难得出结论,发生 $3NO_2 + H_2O \Longrightarrow 2HNO_3 + NO$ 这一化学反应。

(4)实验过程中相对压强变化不明显,多次实验均没有出现预想效果,经与朗威公司技术人员沟通,分析可能原因为压强传感器量程过大,后经测量数据转化曲线呈现,放电实验过程中相对压强略有减小。

优点:利用脉冲点火器放电,便捷安全,现象明显,可利用数据曲线深入探究反应过程。由于脉冲放电产生电弧短(0.5 cm),对传感器几乎没有干扰,不会出现放电瞬间的压强增大和断电瞬间离子湮灭现象,O_2含量和NO_2浓度变化明显,通过数据分析可对"雷雨发庄稼"关联的3个化学反应较为直观地呈现。

缺点:反应容器大、脉冲放电产生的电弧短,放电所需时间较长(用时6分钟)。

3.方案3

实验步骤:

(1)取四颈烧瓶(1000 mL),将用生料带缠好的防狼电棍放入其最大口径(42 mm)中,使放电端深入到距瓶底2 cm处。

(2)分别将3个传感器(氧气、二氧化氮、相对压强)塞入四颈烧瓶(1000 mL)的另外3个颈口,用生料带缠绕密封。

(3)将四颈烧瓶和防狼电棍上端固定在铁架台上,连接数据线和数据采集器。

(4)利用相对压强传感器检查装置气密性。

(5)打开"防狼电棍"开关,连续放电(见图6)100 s,采集数据,观察现象。

(6)150 s停止数据采集,取下压强传感器,向装置中加入紫色石蕊试液,用橡胶塞密封并轻摇四颈烧瓶,观察现象。

实验现象:放电过程中瓶内颜色逐渐加深,100 s后棕色明显,加入紫色石蕊试液立刻变红。

数据分析:实验数据曲线如图7所示,a为氧气含量(0.0%—100.0%),b为二氧化氮浓度(0.0—200.0 ppm),c为相对压强(−20—+20 kPa)。0—100 s为放电时间,101—150 s为停止放电后。

(1)通过图像b可知在前100 s放电过程中,二氧化氮浓度持续增加,二氧化氮浓度停止放电瞬间突降(3—4 s),随后继续快速增加,约在150 s二氧化氮浓度达到传感器的最大量程200 ppm。

(2)图像a显示,0—100 s时氧气含量明显减少,101—150 s氧气含量继续减少,由以上分析可推知放电过程中发生的反应为:$O_2 + N_2 \xrightarrow{\text{放电}} 2NO$,$2NO + O_2 \longrightarrow 2NO_2$。

(3)图像c显示,放电期间相对压强波动较大,停止放电后回复稳定状态,超高电压对相对压强传感器影响较大。[4]

优点:防狼电棍都有很好的静电屏蔽处理,放电实验安全,放电反应速度快,

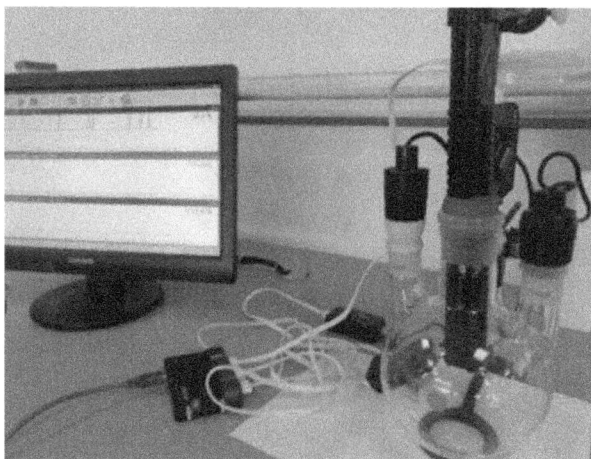

图 6　防狼电棍放电数据采集装置

可在 3 分钟内完成实验,且现象明显,可利用数据曲线深入探究反应过程,适合课堂演示。

缺点:防狼电棍放电端口处瞬间产生 2600 kV 的超高压,虽然已经做了很好的防静电处理,但是对于相对压强传感器仍会产生较大干扰。

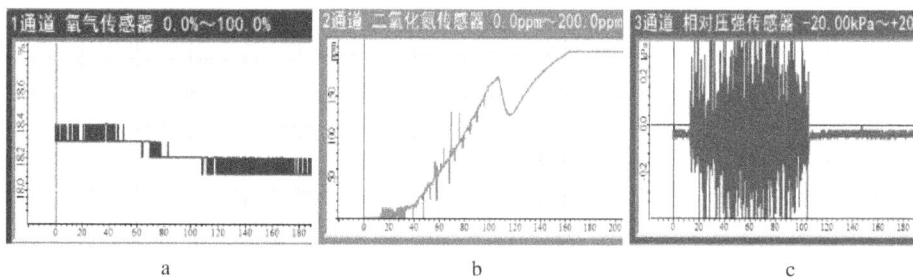

图 7　脉冲放电实验数据曲线图

五、实验改进意义与价值

化学学科核心素养就是学生在化学课堂、化学实验、化学探究过程中发展起来并在解决与化学相关问题中表现出来的关键素养。"模拟雷电"看似是难以实现的过程,其实只要我们明确原理,潜心探索,善于敏锐地挖掘生活中的实验资源,尤其是化学人总会有意想不到的收获与惊艳。就像"脉冲电子打火器"本就是人们引燃煤气或户外烧烤时居家必备,当我们细心观察时就很容易发现,其在极小的空间内产生的瞬时高压,形成的电弧像极了闪电。笔者的最初灵感来源是从关注电子打火机开始,又联系到脉冲放电,然后便在办公桌前将"脉冲电子打火器"伸入到"0 号微型密封袋"中放电,约半分钟后开袋,便闻到刺激性气味,由于氧气量比关系问题,并未观察到红棕色,然后再付诸实践与探索,便会惊喜地发现,原来"模拟雷电反应"随时随地可以完成。方案 1 和方案 3 两个实验简单易行,在课堂上教师可以边实验、边讲解"雷雨发庄稼""硝酸型酸雨的形成",让学生感受到科学实验的真实性,科学就在我们身边,从而培养创新思维,提高实验能力。

巧用数字化实验解决常规实验难以解决的原理问题。方案 1 氮气和氧气在放电反应时只能观察到红棕色气体,却无法说明氮气和氧气在放电生成一氧化氮。方案 2 和方案 3 使用 NO_2 和 O_2 传感器采集数据,证实断电后 NO_2 浓度的继续增加和 O_2 含量的继续减少,进而分析推理出放电时 NO 的生成。数字化实验的巧妙融入,利于引领学生开展基于数据演绎的实验探究和证据推理,能够更深入揭示实验现象的本质和规律,发展学生化学学科核心素养。

参考文献

[1] 王祖浩. 普通高中课程标准实验教科书:化学 1(必修)[M]. 南京:江苏教育出版社,2014:96-97.

[2] 王锦化,曹连东,杨小会,等. 模拟闪电条件下氮气与氧气反应的实验演示装置[J]. 化学教育,2009(8):51-52.

[3] 王保强,刘方云,李增坤. 模拟雷雨条件下氮气和氧气反应的数字化实验探究[J]. 化学教育,2019(5):68-70.

[4] 王琦,沈丹. 浅谈氮气和氧气放电实验[J]. 当代教育实践与教学研究,2017(4):170-171.

(发表于《实验教学与仪器》2020 年第 9 期)

压强对反应速率影响的实验研究

——手机软件 PHYPHOX 在化学教学中的应用

【摘　要】指示剂溴百里香酚蓝(BTB)溶液的变色范围正好处于 H_2CO_3 溶液浓度变化的区间,利用不同 CO_2 气体压强下,指示剂颜色变化的快慢,结合智能手机光传感器技术手段或多媒体照片 RGB 编码技术手段,采集并导出指示剂颜色变化产生的光学数据,绘制与 H_2CO_3 浓度变化相关联的光学数据变化曲线,探索研究 CO_2 气体压强对二氧化碳与水反应生成碳酸反应速率的影响。

【关键词】压强;反应速率;溴百里香酚蓝;光传感器;吸光度

对于有气体参加的化学反应,压强是影响化学反应速率的因素之一,人教版和苏教版化学教材中都没有通过实验来探索压强对反应速率的影响,而是直接进行图示分析和本质解释[1][2]。较多化学同行曾对此实验进行过研究,王井明[3]老师通过空气压强对熏香火星的变化来研究压强对反应速率的影响,但熏香火星的变化在瞬间,不易被学生视觉捕获。王敬文等[4]提出利用压强传感器与酸度传感器结合,探究压强对反应速率的影响,所需仪器和技术条件要求过高,而尚未配备手持技术实验装备的高中学校难于实现。基于以上因素,开发利用 H_2CO_3 指示剂溴百里香酚蓝来实验,通过手机软件 PHYPHOX 的光感强度变化曲线或数码照片 RGB 值吸光度变化曲线,探究 CO_2 气体压强对 $CO_2(g) + H_2O(l) = H_2CO_3(aq)$ 反应速率的影响。

一、实验原理

1.溴百里香酚蓝

溴百里香酚蓝(Bromothmol Blue,缩写 BTB)是一种白色晶体,别名溴麝香草酚蓝,分子式为$C_{27}H_{28}Br_2O_5S$,分子结构如图1所示。

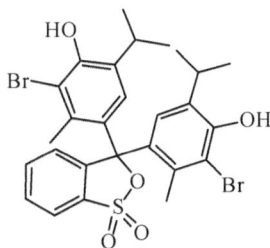

图 1　溴百里香酚蓝的分子结构

溴百里香酚蓝是一种小范围精密酸碱指示剂,其变色范围为 pH 值 6.0—7.6,碱性呈蓝色,酸性呈黄色,过渡态呈绿色。(见图 2)生物学中常用于植物种子或微生物在水中呼吸作用产生的微量 CO_2 气体的检测,因其生成的 H_2CO_3 浓度的大小正好影响其变色,当呼吸作用产生少量 CO_2 时,溶液由蓝变绿,当呼吸作用产生的 CO_2 量增大时,溶液由绿变黄,以此来证明生物体的生命活跃程度。

图 2　溴百里香酚蓝的变色

2. App:PHYPHOX

PHYPHOX 是德国亚琛工业大学的学者基于手机自带或外挂传感器开发的一款软件,可通过智能手机测量加速度、角速度、光强度、磁场强度、气压、声音的振幅和频率等 29 种物理量,还可以多个传感器模块化组合,研究更为复杂的物理现象。实验数据以图表或数字的形式呈现,并可以通过 Excel 等多种格式导出为电脑文件。本实验中借助智能手机的光传感器,利用可见光透过不同颜色溶液后光线强度的变化(本实验中为增强)来说明 H_2CO_3 浓度的变化。

3. RGB 值吸光度

多媒体数码照片格式常用 RGB 标准来表达每一点像素,通过 R(红)、G(绿)、B(蓝)三种颜色通道相互之间的比例叠加来得到 1670 多万种不同的颜色(32 位处理系统)。肉眼对数码照片颜色的观察也是通过屏幕显示光的波长不同来实现的,所以 RGB 值与光的波长是有函数关系的,即可以简单地用 RGB 三个中的任意一个值的变化(通常选择干扰小的、变化明显的)来表示吸光度(A)变化,换算公式如下:

$$A = -\log(I_n/I_0)$$

I_0、I_n 分别表示初始溶液照片和样品反应过程中照片取若干个像素点的 RGB 中的一个值的平均数(本实验中 G 值变化最为明显)。

二、实验过程

1. 实验药品与仪器

(1)药品:溴百里香酚蓝(天津市致远化学试剂有限公司)、1‰稀氨水、蒸馏水、二氧化碳气体、某品牌无色汽水。

(2)仪器:100 mL 注射器、100 mL 圆底烧瓶、橡皮塞、Y 形试管、移液管、胶头滴管、装有安卓系统及 PHYPHOX 软件的智能手机、LED 手电筒、黑色纸片。

2. 实验操作与步骤

(1)溴百里香酚蓝水溶液的配制。

取 0.5 g 溴百里香酚蓝晶体,溶解于煮沸过的 500 mL 蒸馏水中,待溶解后用滤纸过滤去不溶性残渣,滴入 1 滴 1‰稀氨水,使溶液呈蓝色,保存于棕色试剂瓶中,可长期使用。[5]

(2)用智能手机光感应器测试透光性。

在一只圆底烧瓶中注入 30 mL 溴百里香酚蓝水溶液,塞紧橡皮塞,半倾斜式置于事前制作好的空心黑纸质圆筒上,并用铁夹固定。打开置于烧瓶上方的 LED 手电筒,关闭室内光源,将智能手机的 PHYPHOX 打开后放置于空心圆筒底部,仅在纸筒内露出光感应器接受光线,避免屏幕光线影响光感应器。(如图 3)

用注射器向烧瓶中注入 15 mL CO_2 气体,观察溶液的颜色变化。7 分钟后停止实验,取出手机,保存实验数据。另取一支同批号的圆底烧瓶,加装试剂后,微调烧瓶与纸筒的位置,使手机显示的光感值与前一次实验初始时的光感值尽

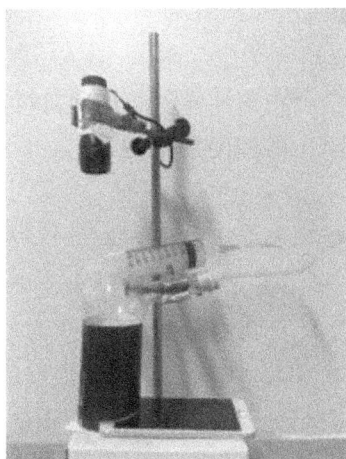

图 3　实验装置图

量接近,然后注入 30 mL CO_2 气体,反应相同的时间,观察颜色变化并保存实验数据。

从手机上导出两次的实验数据,以 Excel 格式生成文档,传输到电脑上,删除初始调节仪器时的无效数据,两次反应各获得 6288 个有效数据,对每 10 秒内的约 124 个数据取平均值,各得到 43 个每 10 s 变化的平均值,用 Excel 软件绘制成曲线(见图 4),进行对比分析。

(3)透光性变化曲线的分析。

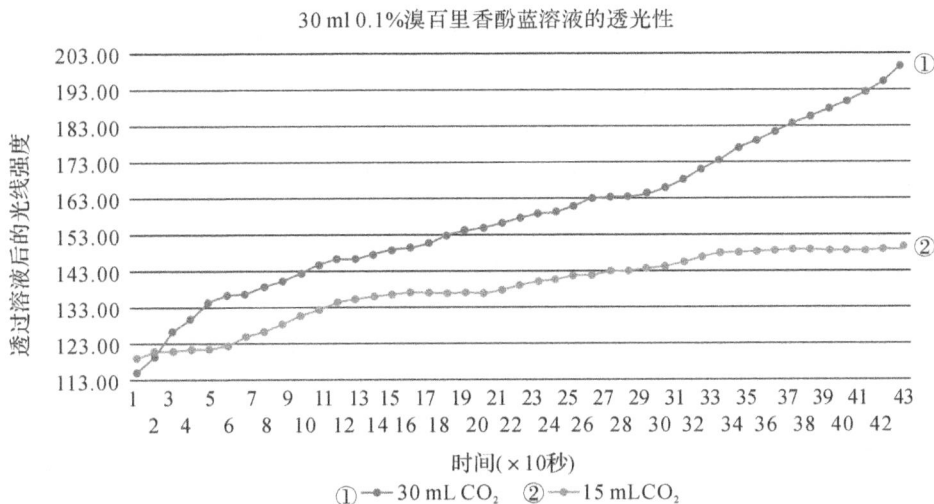

图 4　透过溶液后的光线强度随时间变化曲线

从图4中可以看到,充入30 mL CO_2 气体的透光性增强得比充入15 mL CO_2 气体的要明显,说明 CO_2 气体压强越大,溶液 pH 值下降得越快,溶液的颜色更快地由透光性弱的蓝色向透光性强的绿色和黄色变化。以此可以证明增大 CO_2 气体的压强,产生 H_2CO_3 的速率就越快,即加快了 $CO_2(g) + H_2O(l) = H_2CO_3(aq)$ 反应的速率。

(4)利用 RGB 值绘制吸光度变化曲线。

取两支相同批号的 Y 形试管,分别在一个分支管中,用移液管或较长的胶头滴管各注入 2 mL 溴百里香酚蓝水溶液,塞紧橡皮塞。用较长的胶头滴管分别向另一个支管中各注入 2 mL、4 mL 某品牌无色汽水,观察溶液的颜色变化快慢,并用手机或其他摄录设备录下两个 Y 形试管中的溶液颜色变化,注意两个 Y 形试管要置于光线对等位置摄录(见图5),5分钟后停止实验。

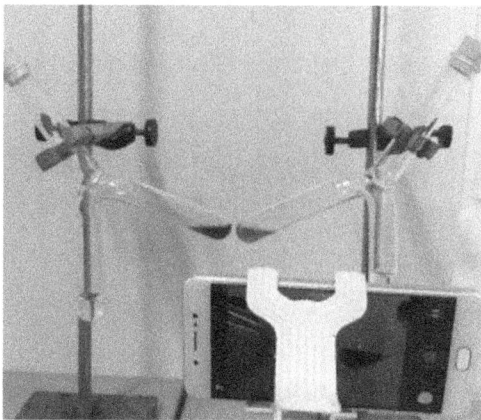

图5　实验装置图及视频摄录

把视频文件导入电脑,用播放软件打开视频,暂停视频在未注入 CO_2 时,用 QQ、360浏览器等截图软件或专用 RGB 屏幕取色软件(Piexl 等),读取两个试管中颜色 RGB 值中的 G 值,每个支管中点取颜色最清晰的5个像素,输入 Excel 表格中,求取平均值作为 I_0。然后每10 s暂停一次,用相同的方法获取 G 值作为 I_n,根据公式获得各31个吸光度(A)值,并用 Excel 绘制吸光度变化曲线(见图6)。

(5)吸光度变化曲线的分析。

从图像可以看出,放入4 mL汽水的 Y 形试管中,汽水释放的 CO_2 气体要多,容器内的压强比放入2 mL汽水的 Y 形试管中要大,而溴百里香酚蓝溶液更

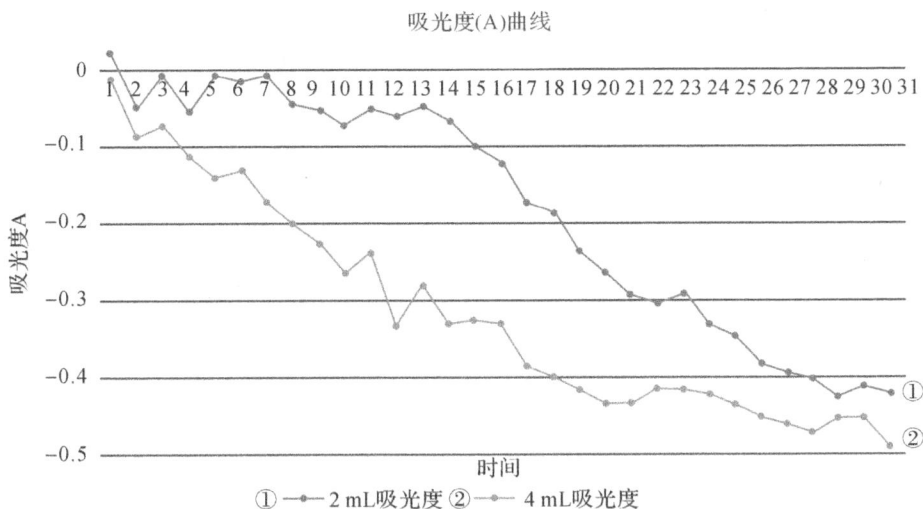

图 6　两份溶液的吸光度(A)变化

快地从蓝色转变为绿色,最后转变为黄色,所以溶液的吸光度下降明显要快。证明了增大 CO_2 气体的压强可以使产生 H_2CO_3 的速率加快,即加快了 $CO_2(g)+H_2O(l)\Longrightarrow H_2CO_3(aq)$ 反应的速率。在实验后期,吸光度比较接近,可能是由于溶液吸收的 CO_2 已经趋于饱和,所以吸光度数值比较接近。

三、实验创新的意义

实验采用生物学研究中的专用指示剂溴百里香酚蓝,实现学科之间的知识互补,培养学生跨学科研究的意识。实验通过简单易得的装置,将抽象的理论转化为直观的实验现象并得到真实的实验数据,不仅增加了该理论的说服力,而且还培养了学生测定数据、处理数据、分析数据、解读数据的能力,发展学生"证据推理与模型认识"的核心素养。虽然通过简单的仪器测量获得了大量的光学数据,但实验手段和实验设备还是很粗糙的,获得的数据也存在较大的误差,如何设计更佳的实验方案,减小实验误差,使实验的数据更具有科学性,这也是本实验改进优化的方向。我们通过现代的科技手段,在学生观察实验的过程中,配以数据化处理,使学生更能体会实验所蕴含的化学原理,加深对化学知识的理解和应用。

参考文献

[1] 宋心琦.化学(选修4)[M].北京:人民教育出版社,2007:21.

[2] 王祖浩.化学反应原理(选修)[M].南京:江苏教育出版社,2014:37.

[3] 王井明.压强对化学反应速率的影响的实验设计[J].实验教学与仪器,2009(12):26.

[4] 王敬文,李双,霍爱新.基于手持技术探究压强对化学反应速率的影响[J].教育与装备研究,2019(2):86-88.

[5] 高海元.浅谈溴麝香草酚蓝[J].生物学教学,2013,38(10):63.

（发表于《化学教与学》2020年第4期）

第五章
应用创新

　　在科技创新领域,应用创新是指以用户为中心,置身用户应用环境的变化,通过研发人员与用户的互动挖掘需求,进而设计新方案、应用新技术,为用户提供各种创新的技术与产品,以满足用户需求,推动技术创新。教学领域的应用创新,应立足课堂教学实际,挖掘完成教学目标所需的新资源,满足学生发展需要,体现因材施教。应用创新类实验指课堂教学中为突破教学重难点、完成教学任务、满足教学需求而开发的实验。这类实验可用以诠释抽象的化学反应机理(原理),或获得某些难以制备的物质,或消除副反应的干扰以提高反应的产率,或得到更加明显的实验现象等,以满足课堂教学需要。本章的应用创新类实验,如自制教具,观察手性分子的旋光现象;让学生看到氮化镁优雅的淡黄色;贴近生活实际,设计出不同条件下苹果汁的氧化程度对照实验,以探究影响化学反应速率的因素等。本章内容展示了实验设计者的思维方式,希望给同行研究与创新化学实验提供启发和借鉴。

铁的吸氧腐蚀课堂演示实验新设计

【摘　要】从增大氧气浓度和升高反应温度两个方面对铁的吸氧腐蚀实验进行了改进,实现了短时间内观察到先生成白色沉淀再生成红褐色沉淀,最后形成铁锈的实验现象。

【关键词】吸氧腐蚀;实验;新设计

一、问题的提出

铁的吸氧腐蚀是《化学反应原理》中"金属的腐蚀与防护"的重要组成部分,通过对钢铁腐蚀原理的分析,学会如何保护金属不被腐蚀。课本中通过以下实验来验证钢铁会发生吸氧腐蚀。向还原铁粉中加入少量的炭粉,混合均匀后,撒入内壁用氯化钠溶液润湿过的具支试管中,按图 1 组装好仪器。几分钟后,打开止水夹,观察、比较导管中水柱(在水中滴加几滴红墨水)的变化和试管中的现象[1]。

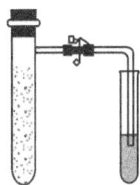

图 1　铁的吸氧腐蚀
实验装置图

本实验可以说明试管中的压强减小,有气体参加了反应,经过分析也可以得出是铁与氧气发生了反应,发生了吸氧腐蚀。可是通过实验现象很难得出如书所示的腐蚀的过程。学生也一直有疑问,铁真的在负极反应时是先失去两个电子而不是直接失去三个电子吗?

对于铁的吸氧腐蚀也有很多一线的教师进行了不同角度不同形式的研究,对于吸氧腐蚀的创新实验也有一些。例如陆燕海老师先后有两篇论文发表,一篇是《对钢铁吸氧腐蚀过程的实验探究》,还有一篇是《对真实海洋环境中铁闸腐蚀最严重区域的探讨》。还有陈云老师发表于 2018 年第 4 期《化学教学》中的《铁的吸氧腐蚀实验的新设计》等等很多研究。这些文章中的实验大多是从吸氧腐蚀原理的角度去讨论。陆燕海老师的两篇文章中都重点阐述了钢铁吸氧腐蚀过程的复杂性以及腐蚀和生锈受多种因素的影响。[2]陈云老师运用了数字化实验来说明氧气的浓度以及温度对腐蚀速率的影响，并利用铁氰化钾来检验亚铁离子、酚酞来检测氢氧根离子的生成。另外也有老师对氯化钠的浓度、溶液的pH对吸氧腐蚀的影响进行了研究。[3]

　　无论是课本中的演示实验还是改进实验，要么存在腐蚀时间长的问题无法在课堂教学中观察到铁锈的生成，要么无法观察到腐蚀的过程是先生成氢氧化亚铁，然后生成氢氧化铁，最后变成铁锈的过程。针对这些问题，笔者对该实验进行了如下改进。

二、设计理念

　　做好该实验，关键是提高反应速率，所以笔者认为应该遵循以下原则：首先应该增加氧气的浓度以加快腐蚀速率；其次是升高反应温度以加快反应速率；再次是增大电解质溶液的导电性以加快反应速率。另外还要遵循实验仪器简单，操作容易，现象明显的原则。

三、实验原理

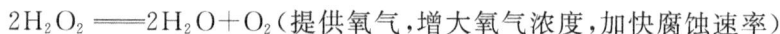
$2H_2O_2 \xlongequal{\quad\quad} 2H_2O + O_2$（提供氧气，增大氧气浓度，加快腐蚀速率）

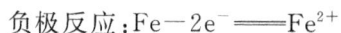
负极反应：$Fe - 2e^- \xlongequal{\quad\quad} Fe^{2+}$

正极反应：$2H_2O + O_2 + 4e^- \xlongequal{\quad\quad} 4OH^-$

电池总反应：$2Fe + O_2 + 2H_2O \xlongequal{\quad\quad} 2Fe(OH)_2$

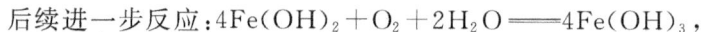
后续进一步反应：$4Fe(OH)_2 + O_2 + 2H_2O \xlongequal{\quad\quad} 4Fe(OH)_3$，

$2Fe(OH)_3 \xlongequal{\quad\quad} Fe_2O_3 \cdot xH_2O + (3-x)H_2O$

四、实验方案

1. 实验用品

　　饱和氯化钠溶液、双氧水、铁丝、新鲜土豆片、热水、U形管、大烧杯、胶头滴管、小烧杯。

2.实验装置

实验装置如图2。

3.实验步骤

(1)向小烧杯中倒入适量双氧水,加两片新鲜土豆片。

(催化双氧水的分解)

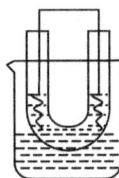

图 2　铁的吸氧腐蚀

(2)取 3 只 U 形管,分别编号为 1、2、3,向 1、2 号 U 形管 改进实验装置图

中注入适量的饱和食盐水,向 3 号 U 形管中加入适量双氧

水。将细铁丝从 U 形管两侧插入到液面下,尽量使铁丝的两端靠近。

(3)在 3 只大烧杯中注入热水,将 U 形管分别放入到热水浴中,如图 2。

(4)用胶头滴管吸取 2 滴管双氧水小心地加入到 1 号 U 形管的右侧。

(5)观察实验现象。

4.实验现象及分析

实验现象如表1所示。

表 1　宏观现象与微观探析

U 形管编号	宏观现象	微观探析
1 号(内装饱和食盐水)	无现象	
2 号(内装饱和食盐水且 U 形管右侧滴入 2 滴管双氧水)	①开始时可以观察到 U 形管右侧有少量气泡产生	$2H_2O_2 =\!=\!= 2H_2O + O_2$
	②1 分钟左右可以观察到 U 形管右侧有白色絮状沉淀逐渐生成	$2Fe + O_2 + 2H_2O =\!=\!= 2Fe(OH)_2$
	③2—3 分钟可以观察到 U 形管右侧有较多红褐色沉淀生成,另外 U 形管右侧液面下一段距离的铁丝上也开始有铁锈附着,但氧气产生最多的部位无铁锈附着。此时若取出铁丝,还会发现 U 形管左侧的铁丝上虽然没有铁锈附着,但是可以明显看到已被腐蚀	$4Fe(OH)_2 + O_2 + 2H_2O =\!=\!= 4Fe(OH)_3$ $2Fe(OH)_3 =\!=\!= Fe_2O_3 \cdot xH_2O + (3-x)H_2O$ O_2 多的部位的铁丝做正极,电极反应为:$2H_2O + O_2 + 4e^- =\!=\!= 4OH^-$ 右侧液面下无双氧水的部位及左侧液面下的铁丝做负极,发生的电极反应为:$Fe - 2e^- =\!=\!= Fe^{2+}$
	④随着时间的延长,可以发现白色的絮状沉淀和红褐色沉淀逐渐出现在 U 形管的左侧。最后 U 形管左侧的铁丝上也会有铁锈附着	电池正极产生的氢氧根离子向负极移动,而负极产生的亚铁离子向正极移动
3 号(内装双氧水)	U 形管右侧有气泡产生。	$2H_2O_2 =\!=\!= 2H_2O + O_2$

5.补充说明

铁丝选的型号不同,出现明显现象的时间也不大相同。笔者实验时选择的是细铁丝,水浴取用的是刚刚烧开的沸水,实验时间大概在3分钟。后来选择较粗的铁丝,实验时间只需几十秒,白色沉淀出现的时间比较短。所以,建议实验时采用较粗的铁丝,水浴无须沸水,实验时间控制在1—2分钟内比较合适。

五、实验创新的优点

该实验所需药品和装置都是中学实验室最常用的,反应条件简单易行。实验所需时间短,实验现象非常明显,可以清楚地观察到铁在发生吸氧腐蚀的过程中先生成氢氧化亚铁,后被氧化成氢氧化铁,最后才形成铁锈。改进实验完美地解决了反应速率慢,无法观察到中间过程的问题,可以作为课堂中的演示实验和学生的分组实验,能很好地帮助学生理解金属的吸氧腐蚀原理和过程。

另外,通过2号、3号U形管中实验现象的对比,学生可以得出金属纯的化学腐蚀速率慢,造成日常生活中金属腐蚀的主要因素是电化学腐蚀;通过1号、2号实验的对比还可以得出氧气的浓度影响金属吸氧腐蚀的速率,氧气浓度大,腐蚀速率快。根据腐蚀速率的影响因素来探讨金属的防护办法水到渠成。3个对比实验,清楚地展示了金属吸氧腐蚀的本质和过程,学生通过宏观现象进行了微观探析,有助于宏观辨识与微观探析的学科核心素养的养成,同时教师对实验的创新也培养了学生科学探究与创新意识的化学学科核心素养。

参考文献

[1] 王祖浩.普通高中课程标准实验教科书.化学反应原理[M].南京:江苏教育出版社,2005:24.

[2] 陆燕海,江旭峰.对钢铁吸氧腐蚀过程的实验探究[J].化学教学,2016(11):60-62.

[3] 陈云.铁的吸氧腐蚀实验的新设计[J].化学教学,2018(4):59-61.

氯化钠制碳酸氢钠实验的新设计

【摘　要】对氯化钠制碳酸氢钠的实验进行了两种方案的改进。其中一种是利用可乐瓶进行实验,另一种是利用二氧化碳细化器进行实验。改进从氨的氯化钠饱和溶液的配制以及实验装置两个方面进行。

【关键词】碳酸氢钠制备;实验;新设计

氯化钠制碳酸氢钠是侯氏制碱(Na_2CO_3)中的第一步,按照课本中的介绍进行实验所需时间较长,很难在课堂中完成。笔者在教学过程中发现了两种新的方案,可在课堂中完成该实验。

一、设计理念

课堂上顺利完成由氯化钠制备碳酸氢钠的实验,笔者认为应该遵守以下几个原则:一是要解决各物质的用量问题,使物质能够尽可能完全反应;二是能够防止氨气的挥发,使实验达到绿色环保的要求;三是尽量增大二氧化碳与溶液的接触面积,缩短反应时间;四是实验仪器简单,操作容易,现象明显。

二、反应原理

由氯化钠制备碳酸氢钠的原理是依据离子反应发生的原理进行的,离子反应会向着离子浓度减小的方向进行。$NaHCO_3$ 在水中溶解度较小,所以将 CO_2 通入 NH_3 的 $NaCl$ 饱和溶液中会生成 $NaHCO_3$ 沉淀。反应方程式为:

$$CO_2 + NH_3 + NaCl + H_2O \Longrightarrow NaHCO_3\downarrow + NH_4Cl$$

三、实验方案

(一)方案 1

方案 1 的想法是为了防止气体的挥发并且增大二氧化碳与溶液的接触面积,干脆采用封闭体系来反应。所以设计了将溶液倒入盛满二氧化碳的 4 L 矿泉水瓶中的实验,充分振荡观察现象。

1. 实验仪器与药品

锥形瓶、橡胶塞、4 L 矿泉水瓶、浓氨水(25%—28%)、氯化钠固体、碳酸氢钠固体、稀硫酸、磁力搅拌器。

2. 实验过程

(1)计算。

根据反应 $CO_2 + NH_3 + NaCl + H_2O \Longrightarrow NaHCO_3 \downarrow + NH_4Cl$,假设反应能够完全进行。矿泉水瓶充满的二氧化碳体积为 4 L,当天温度在 5℃左右,浓氨水的浓度按 25% ($\rho = 0.9$ g/cm³)计算,则可以得到:$n(CO_2) \approx 4/22.4 \approx 0.18$ mol 所需氨气及氯化钠 $n(NH_3) \approx n(NaCl) \approx 0.18$ mol,$m(NaCl) \approx 0.18 \times 58.5 \approx 10.5$ g ,$m(NH_3) \approx 0.18 \times 17 \approx 3$ g ,m(氨水) $\approx 3 \div 25\% \approx 12$ g ,V(氨水) $\approx 12 \div 0.9 \approx 13$ mL,氨水中的水的质量如果按照氨水质量减氨气的质量大约有 $12 - 3 = 9$ g,如果考虑到大部分氨气与水反应生成了一水合氨,水的质量大约是 $12 - 0.18 \times 35 \approx 5.7$ g。笔者在配制溶液时取了一个中间值,12 g 氨水中含有的水的质量估算为 7 g 左右。氯化钠的溶解度是 36 g/100 g H_2O,要溶解 10.5 g 左右的氯化钠还需加蒸馏水大约 22 mL。

(2)配制溶液。

取蒸馏水 22 mL 放入锥形瓶中,加氯化钠 10.5 g,用玻璃棒搅拌溶解,一段时间后取浓氨水 13 mL 倒入锥形瓶中,放入磁力搅拌器,盖上橡胶塞,开始搅拌,待固体全部溶解停止搅拌。注意:根据当天的温度不同,以及浓氨水的浓度不同,数据略有出入,但不影响实验现象。也可以根据实际情况再少加一些氯化钠至溶液饱和或者再少加一点儿蒸馏水使加入的氯化钠全部溶解。

(3)收集二氧化碳气体。

利用碳酸氢钠与稀硫酸反应制取二氧化碳,用 4 L 的矿泉水瓶收集满一瓶二氧化碳气体。

(4)碳酸氢钠的生成。

将上述配置好的溶液倒入到矿泉水瓶中,充分振荡,观察现象。

3. 实验结果

开始振荡时,矿泉水瓶发出咔咔的响声,并迅速瘪了下去但没有全瘪,瓶壁温度升高。一段时间后,溶液变浑浊,长时间放置有大量晶体析出(见图1)。

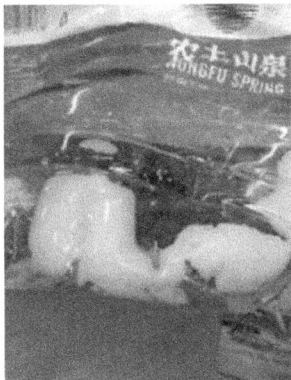

图1　NaHCO₃ 晶体

4. 方案1的优点

(1)该装置简单轻便,可以随身携带,适于教师在教室里进行演示实验。(2)由于是在封闭体系中进行的反应,成功地避免了氨气的挥发,安全环保。(3)操作简单易行,虽然出现现象的时间也比较长,但是好在可以一直放在教室里,现象非常明显。并且有利于学生理解化学反应的速率以及结晶的问题。(4)用浓氨水配制溶液,方法更简单,物质的用量易于控制。

(二)方案2

方案二的设计是联想到在工业生产中,应该尽量使产生的二氧化碳气泡细化,从溶液下方通入二氧化碳,增大接触面积,使反应能够更加充分地进行。笔者想到了可以用家里养鱼所用的二氧化碳发生器和细化器来演示该实验。

1. 实验仪器与药品

实验仪器:

(1)二氧化碳发生器(见图2):2个1.25 L的可乐瓶(分别为A、B),①压力计,②气体调节阀(可以控制二氧化碳气体的流出速率),③斜三通,④启动棒(内装少量柠檬酸的带孔塑料棒),⑤吸酸头(放入可乐瓶中,能被可乐瓶外侧放的吸铁石吸住来控制吸酸头的位置,从而控制反应的速度和进程,当吸酸头位置高于液面反应即可停止),⑥吸铁石。

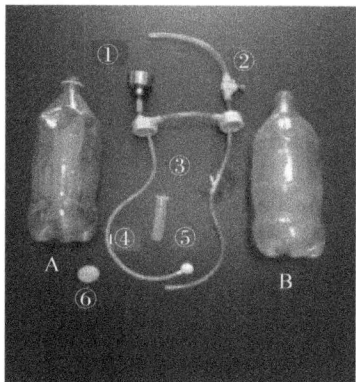

图 2　CO_2 发生装置　　　　图 3　CO_2 细化装置

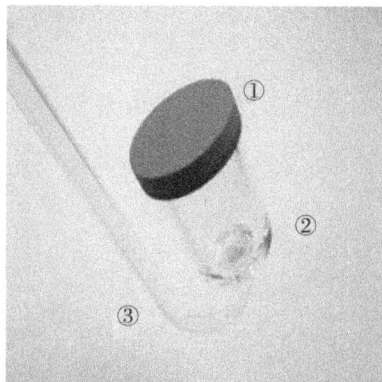

(2)二氧化碳细化器(见图 3):①细化片,②计泡器,③导气管。

(3)$NaHCO_3$ 生成装置:60mL 注射器空筒(筒上端剪个小孔,以便加入反应液),与注射器大小匹配的活塞(活塞上打孔,可以套住二氧化碳细化器)。

实验药品:浓氨水(25%—28%)、氯化钠固体、50%碳酸氢钠溶液、25%柠檬酸。

2.实验过程

课前准备:

(1)根据方案 1 中的计算结果按比例配制氯化钠和浓氨水的混合溶液若干。

(2)向 A 可乐瓶中注入约 50 mL 柠檬酸(注意吸酸头要在液面下),向 B 可乐瓶中注入约 50 mL $NaHCO_3$ 溶液(注意斜三通要在液面上)。

(3)将启动棒投入 B 可乐瓶中,然后将二氧化碳发生装置连接好(注意关闭气体调节阀),见图 4。

(4)观察压力计,使压力计指针指向绿色范围之内。

(5)用注射器向细化器内注入少量水(便于观察气泡的速率,从而调节气体调节阀)。

课堂演示:

(6)将二氧化碳发生装置、细化装置和碳酸氢钠生成装置连接好,见图 4。

(7)向针筒内加入配置好的氨的氯化钠饱和溶液 30 mL。

(8)打开气体调节阀。

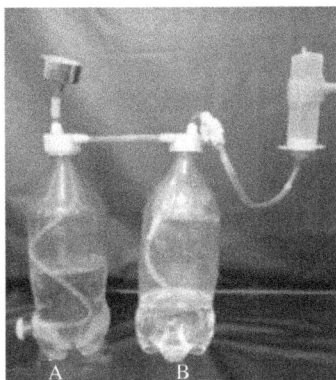

图 4　NaHCO₃ 制备装置

（9）当有大量固体析出时，关闭气体调节阀。

3. 实验原理

将装有柠檬酸的启动棒投入 B 中后，柠檬酸与其中的碳酸氢钠反应生成了二氧化碳气体，气体通过三通阀流入 A 中，A、B 体系内压强增大，当压力达到压力计绿色指针范围，此时打开气体调节阀，B 中气体流出压强减小，A 中气体不能流出，压强不变，利用压强差可以将 A 中的柠檬酸缓慢持续地压入 B 中，B 中会持续地发生反应生成 CO_2 气体，B 中产生的二氧化碳气体通过导气管流入细化器中。细化器中的计泡器可以观察气泡的速率，通过调节气体调节阀可以控制气体的流速。细化器从针筒的下端插入，这样可以尽可能使二氧化碳从下面进入针筒，且细化器将气体细化成微小的气泡，极大地增大了气体与溶液的接触面积。在实验过程中只要关闭气体调节阀或者将吸酸头拉到液面上反应就会停止。

4. 实验结果

2 分钟后，可以渐渐看到有固体析出，4 分钟左右，大量晶体析出（见图 4），并且在液面上方容器壁上没有看到有大量固体生成，也没有闻到明显的氨的气味，说明二氧化碳和氨气的逸出量很少。

5. 方案 2 的优点

本实验看起来装置比较复杂，但实际上二氧化碳发生器及细化器可以在淘宝网上或者卖渔具的地方买到，按照说明书在课前直接连接好即可使用，课堂实验只要从第（6）步开始就好。此实验改进的主要优点有以下几个方面：二氧化碳的细化更能反映工业生产时应考虑的实际问题；所用材料简单易寻；装置第一次连接好后可以重复使用并且方便携带；反应可以随开随停，气泡速率可控；抑制了氨气的挥发，符合绿色环保的理念；反应时间明显缩短，现象明显。

四、实验改进的意义

　　化学是一门以实验为基础的学科，学生核心素养的培养大多也可以在实验的过程中完成。改进后的两种实验方案均可以在课堂教学中作为演示实验给学生观看。学生在实验的过程中可以得到很多结论，比如二氧化碳与氨水反应的过程是一个放热的过程，碳酸氢钠结晶的析出不是一蹴而就的，是一个比较缓慢的过程。[1]这些结论的得出是学生亲身体验的结果，它的意义不是任何课堂的讲授可以比拟的。在实验过程中，学生认识到化学变化有一定的速率，而且是可以调控的，培养了学生的变化观念；实验过程中现象的分析培养了学生宏观辨识与微观探析的核心素养；实验创新培养了学生科学探究与创新意识的核心素养。

参考文献

[1] 唐建平,党结修,张冬云.碳酸氢钠结晶动力学及应用[J].四川化工,1997(4):2-7.

（发表于《中学化学教学参考》2020 年第 2 期）

基于苹果汁的化学反应速率影响因素实验设计

【摘　要】在多酚氧化酶的作用下,苹果汁中的多酚在空气中容易被氧化成醌,从而使苹果汁变色。苹果汁中加维生素 C 或加少量食盐可以减慢被氧化的速率,不同温度和浓度的苹果汁被氧化的速率也不相同。通过对不同条件下苹果汁的变色速率的探究来学习化学反应速率的影响因素。

【关键词】苹果汁;变色;化学反应速率;影响因素

一、问题的提出

笔者有一次去酒店吃饭,点了一扎苹果汁,但是上来的苹果汁口感很差,不酸、不甜,而是咸的。后来找服务员询问原因,她说是加了盐,为了防止苹果汁变色。作为一名化学教师,笔者用专业知识告诉她,加盐固然可以使苹果汁不变色,但如果担心用量控制不好还可以选择在苹果汁中加维生素 C 或者加柠檬汁,既可以防止它变色,又可以保持它的口感。

笔者最近看到一篇文章,题目叫"利用黑枸杞的化学平衡移动创新实验设计及教学"。黑枸杞泡水会出现颜色是因为里边花青素的溶解,花青素是一种酸碱指示剂,笔者以黑枸杞水的颜色变化,设计了 7 个实验来和学生共同学习化学平衡移动的问题。

这两件事情给笔者一个启示,是不是也可以利用苹果汁的变色速率来研究化学反应速率的影响因素呢? 笔者查阅了一些资料了解到,苹果汁的变色原理是其中的多酚在多酚氧化酶的催化下被氧气所氧化。多酚的结构虽然复杂,但是可以简单地用文字代替,学生还是容易理解的。

二、实验设计

1. 反应原理

多酚＋氧气 $\xrightarrow{\text{多酚氧化酶}}$ 醌

2. 实验用品

新鲜苹果、维生素 C、食盐、饮用水、榨汁机、杯子、量杯。

3. 实验步骤

(1)连接好榨汁机,把苹果洗干净。

(2)取 6 只杯子,标号①②③④⑤⑥。

(3)向①②③号杯子中各加 100 mL 矿泉水,④号杯子中加入 100 mL 40℃左右热水,⑤号杯子中加入 100 mL 60℃左右热水。

(4)榨汁。按顺序,分别在①②③④⑤⑥ 6 只水杯中各流入约 40 mL 的苹果汁。在学生的帮助下,在流入苹果汁的同时在①号杯子中快速加入半片维生素 C,在②号杯子中加入少量食盐。

(5)榨汁结束,观察每只水杯的苹果汁颜色。

(6)向⑥号杯子中加入 100 mL 矿泉水,观察每只水杯中苹果汁的颜色。

4. 实验记录

实验记录如表 1 所示。

表 1　实验记录

实验组别	①	②	③	④	⑤	⑥
实验步骤	40 mL 苹果原汁加入到 100 mL 矿泉水中,再加半片维 C 常温	40 mL 苹果原汁加入到 100 mL 矿泉水中,再加少量食盐 常温	40 mL 苹果原汁加入到 100 mL 矿泉水中 常温	40 mL 苹果原汁加入到 100 mL 热水中 40℃	40 mL 苹果原汁加入到 100 mL 热水中 60℃	40 mL 苹果原汁放置一会儿后,再加入 100 mL 矿泉水常温
实验现象	较长时间不变色	较长时间不变色	慢慢变色	很快变色	很快变色	很快变色

5.实验结论

(1)①中能保持长时间不变色的原因是维 C 与氧气反应速率更快,消耗了氧气,从而保护了苹果汁中的多酚不被氧化。①③组实验对比可以发现反应物本身的性质对反应速率的影响,也就是不同化学反应反应速率的快慢主要由反应物本身的性质决定,即内因。

(2)②中能保持长时间不变色的原因是多酚氧化酶是一种蛋白质,加入食盐使之盐析,从而降低了其催化效果,因而也减慢了反应速率。②③组实验对比可以发现对于同一反应,加入催化剂可以加快反应速率。

(3)③④⑤组实验对比可以发现对于同一个反应,温度升高会加快反应速率。

(4)③⑥组实验对比可以发现对于同一个反应,增大浓度会加快反应速率。

(5)每一只水杯中都会发现液体表面的变色速率明显快于内部,可以推论出增大反应物的接触面积可以加快反应速率。

6.注意事项

经过笔者反复实验,总结出该实验能够观察到明显现象需要注意以下几点:

(1)苹果原汁榨出直接流入放好水的杯子中,不要先榨出原汁再加入到水中。因为原汁变色的速率太快,几乎刚流出就被氧化到颜色很深,无法观察颜色的变化。

(2)苹果汁与水的比例控制在体积比为 1∶2 到 1∶3 较为合适,浓度太大,变色速率太快,看不出温度对变色速率的影响;浓度太低,颜色较淡,变色速率较慢,也很难观察到区别,还有就是口感也较差。

(3)关于温度的影响,笔者建议把苹果汁直接加到热水中效果更好;而利用水浴加热,温度上升比较慢,现象也不明显。

三、改进后的优点

苏教版选修 4《化学反应原理》"影响化学反应速率的因素"的教学中,一共设计了三组实验来分别探究浓度、温度、催化剂对化学反应速率的影响,如表 2 所示。

表 2　教材中的实验

教材中实验	浓度对化学反应速率的影响	温度对化学反应速率的影响	催化剂对化学反应速率的影响
涉及反应	$NaHCO_3 + HCl == NaCl + CO_2 + H_2O$	$2KMnO_4 + 5H_2C_2O_4 + 3H_2SO_4 == K_2SO_4 + 2MnSO_4 + 10CO_2 + 8H_2O$	$2H_2O_2 == 2H_2O + O_2$
实验步骤	(1)在 2 个相同大小的气球中各放入 1.0 g 碳酸氢钠粉末 (2)取 2 只同样大小的锥形瓶,向其中 1 只锥形瓶中加入 60 mL 2.0 mol/L 的盐酸,向另 1 只锥形瓶中加入 60 mL 0.2 mol/L的盐酸 (3)在锥形瓶瓶口套上上述 2 个气球,同时将气球中的碳酸氢钠粉末加入到锥形瓶中,观察并比较气球膨胀的快慢	(1)3 支试管,向试管中分别加入 2 mL 0.01 mol/L 酸性高锰酸钾溶液 (2)再向试管中分别加入 2 mL 0.1 mol/L $H_2C_2O_4$ 溶液 (3)将其中 1 支试管放入冰水中,1 支试管放入热水中,另 1 支试管置于常温	(1)向 A、B、C 3 支试管中分别加入等体积的 5% 的 H_2O_2 溶液 (2)再向试管中分别加入 2—3 滴洗涤剂 (3)向 A 试管中加入 2—3 滴 $FeCl_3$ 溶液,向试管 B 中加入少量 MnO_2,C 试管留作比较用

与教材中的实验探究相比,该实验的优点主要体现在以下几个方面:

(1)这是一个基于真实情境开展的实验探究,更能引起学生的学习兴趣和热情,也让学生充分体会到化学是源于生活而又服务于生活的一门学科,学习化学对于生产和生活是非常有用的。经过教师的精心设计,知识的学习就可以在轻松愉快的气氛中不知不觉地完成,以下是笔者在上课时的课堂片段。

教师:"最近同学们表现都不错,今天的化学课就奖励一下今天课堂表现最好的几位同学。奖励的东西就是新鲜的苹果汁。我听说有些人榨苹果汁喜欢在里边加些东西,比如维生素 C、食盐、水之类的。不知道你们都喜欢喝什么口味的呢?"

学生很是兴奋。有人喊要原味的,有人喊要冰的,也有人喊要热的。

教师:"好,按照大家的要求我先榨 6 杯苹果汁,一会儿分给本节课表现最好的 6 位同学。"然后按照准备好的顺序开始榨汁。

学生兴奋地看着榨出的苹果汁,惊奇地发现每杯中的颜色深浅不一,引起了探究的欲望。

(2)这是一个多项思维的实验情境,有利于培养学生科学分析实验结果的能力。虽然整个过程只涉及了一个情境就是苹果汁的变色,但是可以涉及影响化学反应速率的多个方面,简单地分析可以发现单一变量的变化对化学反应速率的影响;深入地分析还可以研究在有多个变量的变化对化学反应速率有影响时,如何抓住主要影响因素。

(3)该实验操作简单、易行,现象快速、明显。该实验需要的仪器非常常见,学生在家也可以自己开展实验研究,所需时间也很短,实验全部完成也就在 5 分钟左右。无论是学生在家开展研究性学习还是教师在课堂上演示,都是可行的。

(4)该探究实验可以培养学生多方面的化学学科素养。在观察分析实验现象的过程中,可培养学生从宏观辨识(苹果汁的变色)到微观探析(多酚被氧化为醌)的核心素养。通过分析、推理等方法,学生会认识到影响化学反应速率的内因和外因(浓度、温度、催化剂、接触面积),并建立起模型,从而培养学生证据推理与模型认知的核心素养。笔者通过查阅资料发现,工业生产苹果汁的方法和我们总结出的方法完全一样。同时,学生通过实验充分认识到化学在解决实际问题中的重要作用,培养了学生的科学态度与社会责任意识。

(发表于《实验教学与仪器》2019 年第 11 期)

高中化学重油催化裂化实验的改进

【摘　要】针对现行三种版本教材中的重油催化裂化实验都存在反应时间过长和装置填料复杂等问题,实验改进采用废弃的汽车三元催化载体,经草酸溶液浸泡,清水冲洗处理,再将黏土兑水调和成泥浆后灌入其孔中并烘干烧结,以此作为重油气相裂化的催化剂。改进后的催化效果明显提升,酸性 $KMnO_4$ 溶液完全褪色的时间大大缩短。

【关键词】三元催化载体;重油;催化裂化;实验改进

"以实验为基础是化学学科的重要特征之一,化学实验对于全面发展学生的化学学科核心素养有着极为重要的作用[1]"。课堂演示实验是学生接触化学实验的一种基本方式,演示实验通过快速而鲜明的现象刺激学生的感官,提升学生学习兴趣,发展学生学科素养,它要求在课堂有限的时间内,在使用尽可能简单的器材条件下,完美展现实验的现象,以期达到理想的教学效果。

一、问题的提出

重油催化裂化实验是高中化学教学的一个重要有机实验,现行各版本高中化学教材中均有此演示实验。鲁科版教材《化学与技术》(选修)"化石燃料石油和煤的综合利用"中采用以氧化铝为催化剂,用普通酒精灯进行加热的液相催化裂化方式[2];人教版教材《化学 2》(必修)"有机化合物"中采用以碎瓷片为催化剂,普通酒精加热方式的气相催化裂化方式[3];苏教版教材《化学 2》(必修)"有机化合物的获得与应用"中采用以碎瓷片为催化剂,以宽焰灯或喷灯为加热方式的气相催化裂化[4]。综合对比研究发现,三种方式的实验现象均很明显,但采用氧化铝比碎瓷片、普通酒精灯比宽焰灯或喷灯、液相裂化比气相裂化,实验完成所需的时间都要长,造成不能充分利用课堂教学时间的问题。虽然苏教版方案优于其他两种方案,但是苏教版方案的实验装置组装填料比较费时,碎瓷片在试管内的垒堆可能会滑落至试管底部的区域,而且往往还造成催化剂上方留下较大空隙,石蜡蒸气漏逸等问题。

许多一线教师也曾对此演示实验进行改进,研究方向也多从裂化方式或催化剂类型选择上。刘怀乐老师提出氧化铝只是起到升温蓄热作用,并无催化作用,虽工业上普遍使用氧化铝做催化剂,但由于工业上使用压强不同,所以氧化铝的作用是不一样的。[5]李先栓老师认为液相催化裂化方式需要 20atm 以上的压强条件,这样的要求在课堂演示实验中肯定不能达成,并提出用常见黏土作为催化剂,可用宽焰酒精灯加热,使石蜡在气相时催化裂化。[6]但是氧化铝或黏土为普通固态物质,与反应物的接触面积较小,即使采用多细孔的碎瓷片,或者是烧结黏土而成的多孔砖块,其纹理中的孔大多是不通的,气体仅与其有表面接触,而没有可以流经气体的通道。而本实验改进中采用的废旧汽车三元催化器载体(见图 1)为直通多孔物质,所以其通透性非常好。大多汽修厂常常把废旧三元催化器当作废品处理,所以三元催化载体的获得也十分方便。

图 1 废旧汽车三元催化载体

二、实验的改进

1. 实验用品

仪器:废三元催化器、铁架台及铁夹、酒精灯、酒精喷灯、三脚架、石棉网、大烧杯、玻璃棒、镊子、石英试管、直角导管、橡皮塞、普通小试管。

药品:10% 草酸溶液、泥土、石蜡、0.9% 酸性 $KMnO_4$ 溶液。

2.实验装置

实验采用与苏教版教材相似的气相催化裂化装置设计(见图2)。

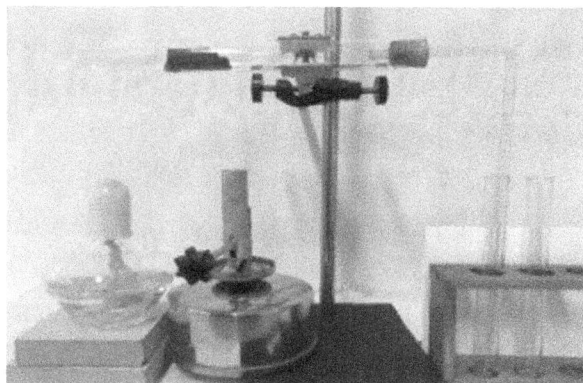

图2　重油气相催化裂化装置图

3.实验过程

(1)催化剂的预处理。

由于汽车使用过程中形成的积炭、颗粒物、络合物等会堵塞三元催化载体,大幅度减小通透性,所以获得的废旧三元催化载体有必要进行清洗。可以选用10%浓度的草酸进行浸泡3 h,然后用清水反复冲洗小孔,并尽力甩出孔中清水后在空气中晾干备用。

本实验涉及高温加热,所以选用石英材质的试管进行实验。根据所选试管的口径,用小刀将三元催化载体削至相当直径的圆柱状,应尽量与试管壁相贴,如若两径相差太大,则气体有可能从载体与试管壁之间漏逸,减弱催化作用没有发生的后果。

取一定量的泥土置于大烧杯中加水,用玻璃棒不断地搅拌调和成泥浆状。用镊子夹住载体中间,在泥浆中往复平动,使泥浆尽可能被灌进载体的孔中,多次之后取出,置于石棉网上,并用酒精灯烘干烧结备用。

(2)实验过程与现象。

按图2装配好实验装置并检查气密性。用玻璃棒搅取约0.3 g石蜡置于试管底部,将已经烧结黏土的三元催化载体塞入试管,内端离药品石蜡约3 cm。取两支小试管分别装上0.9%浓度的酸性$KMnO_4$溶液,放在试管架的相邻位置,用于检验产物和对比作用。

先点燃酒精喷灯,加热催化剂部分,喷灯正常喷火后立即点燃酒精灯加热试管底部的石蜡。待石蜡产生蒸气后,小试管内气泡迅速增多,与对比小试管比较,发现颜色逐渐变浅,不到1分钟试管溶液即褪至无色,见图3。

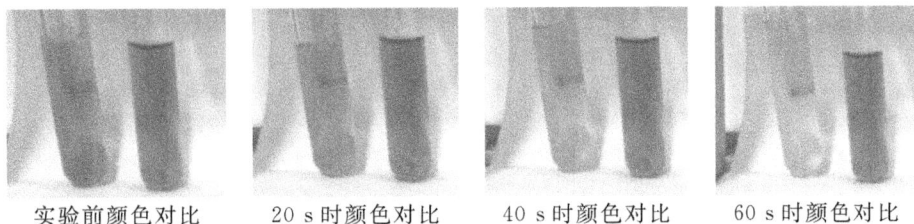

实验前颜色对比　　　20 s时颜色对比　　　40 s时颜色对比　　　60 s时颜色对比

图3　加热不同时间酸性 KMnO₄ 溶液颜色对比

三、改进后的优点

本实验改进所选用的三元催化载体和黏土广泛易得,废旧三元催化器属于汽修行业的废物,利用此物来改进实验是废物再利用,有利于可持续发展。

改进后的催化剂与反应物之间的接触面积大大增加,从而有效提升了催化效率,在有限的课堂教学时间内展现了预期的现象。经过处理之后的催化剂及载体由于本身材质的原因,具有耐高温、不易变质的特点,可长时间反复使用,可以大大减少广大教师实验的准备时间。

使用黏土覆盖,并通过烘干烧结牢牢地隔离了载体上原有的催化剂,防止了副反应的发生。这种改进的思路也可以应用于高中化学的其他气相催化反应,例如,可以把三元催化载体浸泡在重铬酸铵饱和溶液中,然后取出置于石棉网上用酒精灯加热,烘干水分并使重铬酸铵受热分解,可以得到覆有三氧化二铬的催化剂,可用于氨或乙醇的气相催化氧化实验。

参考文献

[1] 中华人民共和国教育部.普通高中化学课程标准(2017年版)[S].北京:人民教育出版社,2018:72.

[2] 王磊,张文朴.化学与技术(选修)[M].济南:山东科学技术出版社,2007:73.

[3] 宋心琦.化学2(必修)[M].北京:人民教育出版社,2007:67.

[4] 王祖浩.普通高中化学课程标准实验教科书·化学2(必修)[M].南京:江苏教育出版社,2015:68.

[5] 刘怀乐.中学化学教学实证与求索[M].重庆:西南师范大学出版社,2002:161.

[6] 李先栓,张玉贞.粘土催化石蜡裂化[J].实验教学与仪器,2011(5):34-36.

（发表于《教育与装备研究》2020 年第 2 期）

二氧化碳与饱和碳酸钠溶液反应的实验研究

【摘　要】通过改变反应装置,对向饱和碳酸钠溶液中通入二氧化碳气体和向盛有二氧化碳气体的容器中注入饱和碳酸钠溶液分别做了实验探究。结果发现,在盛有干燥二氧化碳气体的矿泉水瓶中注入适量热水配制冷却后的饱和碳酸钠溶液,易析出碳酸氢钠晶体。作为课堂演示实验,能让学生深刻领悟其反应原理及碳酸氢钠溶解度比碳酸钠小的物理性质,操作简便,现象明显且耗时短,有良好的教学效果。

【关键词】饱和碳酸钠;二氧化碳;碳酸氢钠;实验研究

一、问题的提出

很多高三模拟卷中都有向饱和 Na_2CO_3 溶液中通入 CO_2 气体离子方程式的书写:$2Na^+ + CO_3^{2-} + H_2O + CO_2 == 2NaHCO_3 \downarrow$。在课堂上进行理论分析时,师生认为该反应析出 $NaHCO_3$ 晶体的理由如下:①该反应消耗了溶液中的水,导致溶剂减少,有利于 $NaHCO_3$ 晶体的析出。②常温下 $NaHCO_3$ 的溶解度小于 Na_2CO_3。③消耗 1 mol Na_2CO_3 会生成 2 mol $NaHCO_3$,且 $NaHCO_3$ 的质量大于 Na_2CO_3。[1]

我国著名的物理化学家傅鹰院士曾说过:"没有感性的知识,理论的知识从何而来? 没有理论,实验就可能变成盲动,劳而无功,进步迟缓,或根本不能进步。但是无论如何,理论——即使是最好的理论也不能代替实验。"[2]带着这样的想法,笔者走进了实验室。

二、实验研究过程及结果

1. 实验1

笔者曾在课堂上演示过向苯酚钠溶液中吹入 CO_2 气体,较短时间内就可以清晰地看到苯酚钠溶液变浑浊。为此,想通过类似的方法,向饱和 Na_2CO_3 溶液中吹入人体呼吸作用产生的 CO_2 也产生浑浊。

如图1,多次实验后发现吹入 CO_2 气体超过10分钟,烧杯内未见浑浊。原因可能是人体吹出的 CO_2 中混有少量的水蒸气,不利于烧杯中形成 $NaHCO_3$ 的饱和溶液。

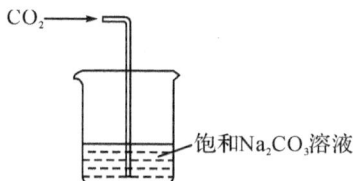

图1 向饱和 Na_2CO_3 溶液中吹入 CO_2 气体

2. 实验2

考虑到人体呼出的 CO_2 中混有少量的水蒸气,于是 CO_2 用 $NaHCO_3$ 固体和稀硫酸反应产生,中间放一个盛有浓硫酸的洗气瓶。

如图2,多次实验后发现通入 CO_2 气体超过10分钟,烧杯内的饱和 Na_2CO_3 溶液内未见晶体析出。原因可能是稀硫酸和 $NaHCO_3$ 固体的反应是放热反应,CO_2 的温度比饱和 Na_2CO_3 溶液的温度高,CO_2 和饱和 Na_2CO_3 溶液的反应也是放热反应,不利于形成 $NaHCO_3$ 的过饱和溶液。

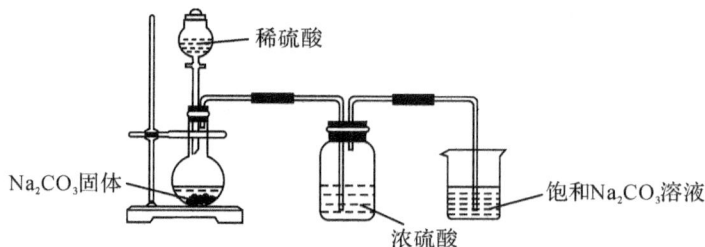

图2 向饱和 Na_2CO_3 溶液中通入干燥的 CO_2 气体

3. 实验 3

用一个盛有饱和 $NaHCO_3$ 溶液的洗气瓶来降低进入饱和 Na_2CO_3 溶液的 CO_2 的温度，Na_2CO_3 溶液置于小试管中，将小试管浸在盛有自来水的烧杯中冷却。

如图 3，多次实验向饱和 Na_2CO_3 溶液通 10 分钟 CO_2 后，饱和 Na_2CO_3 溶液未见晶体。

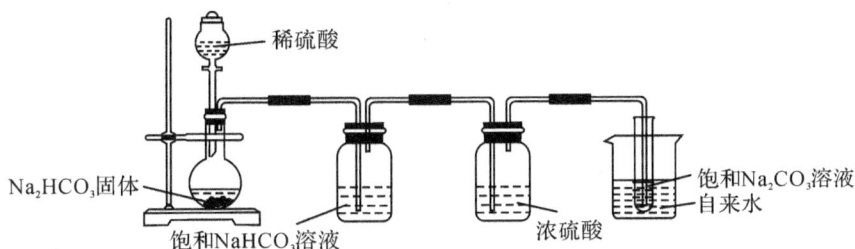

图 3 向饱和 Na_2CO_3 溶液中通入冷却干燥的 CO_2 气体

从实验 1、2、3 的事实说明：CO_2 和 Na_2CO_3 溶液的反应是一个慢反应，通入饱和 Na_2CO_3 溶液中的大部分 CO_2 没有被吸收，生成的 $NaHCO_3$ 的量比较少，达不到 $NaHCO_3$ 的饱和溶液的浓度，从而降低了析出的可能性。

4. 实验 4

考虑到 CO_2 和 Na_2CO_3 溶液的反应是一个慢反应，故将干燥的 CO_2 气体收集于干燥干净的 500 mL 的矿泉水瓶中。通过计算发现 293 K、101 kPa，500 mL CO_2 气体的物质的量为 $(500 \times 10^{-3} \times 273) \div (22.4 \times 293) = 2.08 \times 10^{-2}$ mol。消耗 Na_2CO_3 的质量为 $(2.08 \times 10^{-2} \times 106)$ g $= 2.20$ g，由溶解度关系求得溶液质量为 $(121.5 \div 21.5 \times 2.20)$ g $= 12.43$ g，溶液体积为 10.36 mL。即完全吸收 500 mL CO_2 气体至少需要 10.36 mL 饱和碳酸钠溶液。[3] 实际实验采用将 20 mL 饱和 Na_2CO_3 溶液倒入收集满 CO_2 的干燥的 500 mL 矿泉水瓶中，用力反复摇匀，将矿泉水瓶浸在常温的自来水中，如图 4，多次实验后发现 10 分钟内矿泉水瓶内没有晶体析出。

难道常温下不能配制出饱和碳酸钠溶液？难道碳酸氢钠晶体的析出是一个很慢的过程？

图 4　向集满干燥 CO_2 气体的矿泉水瓶中加入 20 mL 饱和 Na_2CO_3 溶液

5.实验 5

通过实验 1、2、3、4,不难发现冷水配制的饱和 Na_2CO_3 溶液很难得到预期的效果,推测碳酸钠在常温下溶解于水形成饱和溶液也是一个慢过程,需要较长的时间。查阅文献发现:向碳酸钠粉末中加入常温的水,要使溶液达到饱和需要很长时间,实验表明经过一个月也没有达到饱和。[4]于是笔者采用热水配制饱和 Na_2CO_3 溶液冷却后进行实验,收到的效果很明显,进行多次实验后发现,摇匀 6 分钟左右便有少量晶体析出,放置时间越长,析出晶体越多(见图 5)。

图 5　向集满干燥 CO_2 气体的矿泉水瓶中加入热水配置冷却后的 20 mL 饱和 Na_2CO_3 溶液

实验结论:热水配制冷却后易得到饱和 Na_2CO_3 溶液,饱和 Na_2CO_3 溶液和 CO_2 反应是慢反应,$NaHCO_3$ 晶体的析出需要一定的时间。

6.实验 6

碳酸氢钠晶体的析出可能也是一个慢过程,为了引发晶体的析出,在干燥的矿泉水瓶内先放入几根剪好的很短的细线,向收集满 CO_2 气体的矿泉水瓶中加入 20 mL 热水配制冷却后的饱和 Na_2CO_3 溶液。

多次实验后发现(图6和图7),加细线的矿泉水瓶析出晶体的速度和不加细线差不多,5分钟左右可以看到少量浑浊,20分钟时浑浊很明显,放置时间越长浑浊越明显,碳酸氢钠晶体的析出需要一定的时间。

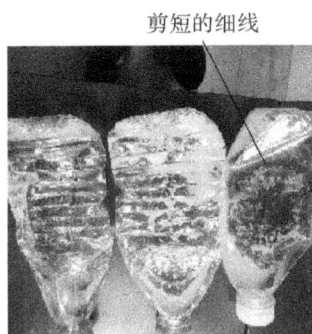

图6 向集满干燥 CO_2 气体的矿泉水瓶中加入热水配置冷却后的 20 mL 饱和 Na_2CO_3 溶液(5分钟左右的现象)

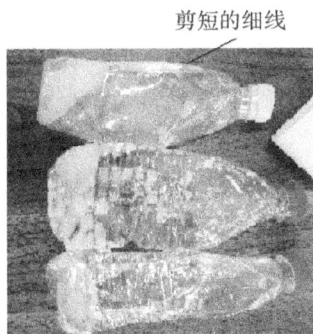

图7 向集满干燥 CO_2 气体的矿泉水瓶中加入热水配置冷却后的 20 mL 饱和 Na_2CO_3 溶液(20分钟左右的现象)

对析出晶体的溶液进行过滤,得到的晶体采用自然晾干的方式,晾干后进行加热实验,产生的气体通入澄清石灰水中,澄清石灰水变浑浊,证明晶体中含有碳酸氢钠。

三、实验改进后的优点

1.颠覆想法

不亲自做实验以前,一直以为饱和 Na_2CO_3 溶液和 CO_2 的反应是短时间内便能完成的类似酸碱中和反应的实验,亲自体验后能清晰感受到该反应是慢反应,在矿泉水瓶中进行反应时能清晰地观察到矿泉水瓶逐渐变瘪,同时听到瓶子发出的响声。

2.一瓶双用

该实验中用到的矿泉水瓶可以避免 CO_2 的逸出,同时通过剧烈振荡又能增大 CO_2 和 Na_2CO_3 溶液的接触机会,较大程度解决了反应速率慢的实际问题。

3.现象直观

本实验在改进后,可操作性强,演示时间短,现象明显。

四、实验改进后的反思

1.质疑不断，改进不断

该实验研究过程中，质疑因素从水蒸气→进入饱和 Na_2CO_3 溶液的 CO_2 气体的温度→该反应是慢反应（如何增大 CO_2 和饱和 Na_2CO_3 溶液的接触机会）→常温下配制的 Na_2CO_3 溶液是否为饱和 Na_2CO_3 溶液等不断研究，先后通过浓硫酸的洗气瓶（除水）→饱和碳酸氢钠溶液的洗气瓶（降低二氧化碳温度）→反应场所在矿泉水瓶内进行（增大接触机会）→热水配制冷却后的饱和碳酸钠溶液等方式来改进实验，最终取得了良好的效果。不断质疑和不断改进实验的研究过程若能实施于具体的课堂，既能体现化学学科的研究方法，又能使学生获取化学知识，更能使学生的学习能力得到一定的发展。

2.失败不断，素养不断

学科核心素养不可能凭空形成，学科知识是学科核心素养形成的主要载体，什么样的学科知识，或者说怎么样选择、组织、设计学科知识，才有利于学科核心素养的形成？[5]教师若常直接演示改进好的实验，会使学生处于一种安逸状态，长期下去，学生就会在你的课堂缺少探究的勇气，甚至迷失学习的方向。而本次实验研究的过程中遇到了较多的失败，教师若将面对困难、努力改进等多个有意义的环节展现于课堂，那么在教师长期的引导下，学生证据推理、科学探究与创新意识等化学核心素养就会潜移默化地形成。

参考文献

[1] 夏立先.对二氧化碳通入饱和碳酸钠溶液中制取碳酸氢钠晶体的实验研究[J].化学教育,2011(9):81.

[2] 柴国英.干冰与碳酸钠溶液反应的理论分析与实证[J].中学化学教学参考,2019(8):36-39.

[3] 伍强.饱和碳酸钠溶液和二氧化碳气体反应实验的研究[J].化学教学,2014(11):56-57.

[4] 游梅.一个大胆猜想赢来的成功[J].中学化学教学,2014(7):36-37.

[5] 余文森.核心素养导向的课堂教学[M].上海:上海教育出版社,2017:55.

（发表于《实验教学与仪器》2020 年第 7—8 期）

自制手性分子旋光性观测仪

【摘　要】手性分子的旋光性是苏教版《有机化学基础》模块中的一个重要知识，高中学校普遍缺乏条件来开设此实验，无法满足学生学习手性分子旋光性知识的需要。针对此种状况，利用实验室现有条件，借用物理实验室光学元件，自制可以定性观察分子旋光性、粗略测量旋光度的仪器，帮助学生建构知识，发展学生核心素养，提升学生学科能力。

【关键词】手性分子；旋光性；偏振光

　　化学实验的教学功能和价值正朝着促进学生全面发展的方向改革，"实验开发及改进"作为教学实践中深入研究和不断创新的成果，在对学生知识体系的建构、核心素养的发展、学科能力的提升等方面发挥着重要作用。[1]

　　手性分子的光学特性是高中化学有机部分的重要知识，苏教版《有机化学基础》不仅明确了旋光度的概念，还给出了观察和测量旋光度的仪器和原理。[2]但偏振计（也叫旋光仪）的采购价格非常昂贵，普通高中学校实验室很少会有配置，为了能使高中学生观察到手性分子的旋光性，加深对手性分子的了解，在参考了几位物理老师对偏振光方面的研究和应用后[3][4]，笔者几乎零成本地制作了可以定性观察手性分子旋光性和粗略测量旋光度的简易观测仪，以满足学生学习与研究的需要。

一、制作原理

　　光是一种电磁波，它是一种振动方向与传播方向相互垂直的横波。以一片偏振光片作为过滤光源的起偏镜，光线经过起偏镜时，会选择透过其中一种振动方向的光，遮蔽掉另一些振动方向的光，成为一种偏振光。当偏振光通过装有蒸馏水的比色皿后几乎不会发生旋光现象（石英材质有一点点旋光性，在对比实验中使用同一个比色皿，所以可以忽略)，但由于肉眼无法辨别偏振光，所以利用第二片偏振光片作为检偏镜，转动调节检偏镜，当检偏镜的偏振化方向与偏振光的偏振面平行时，偏振光可以顺利透过，肉眼可以看到最亮的光斑，而当检偏镜的偏振化方向与偏振光的偏振面垂直时，发生消光现象，肉眼无法看到任何光亮。

当比色皿中的蒸馏水换成具有旋光性的手性物质溶液后，偏振光的偏振平面发生旋转(即旋光现象)，原先调节好的检偏镜不能观察到最亮的光斑或消光现象，必须重新转动检偏镜，调节到某一角度，才能重新观察到最亮的光斑或消光现象。(见图1)转动调节的角度即为手性分子的旋光度，通过溶液浓度和比色皿长度可以计算手性分子的比旋光度，反之也可以测量溶液的浓度。

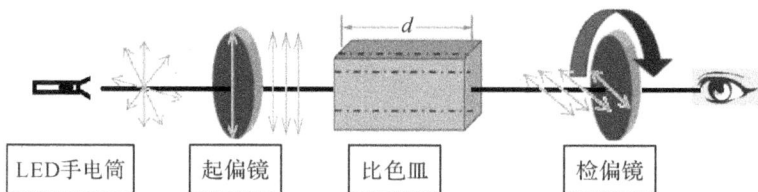

图 1　手性分子旋光性观测仪原理

二、制作方法

1. 制作材料

5 cm 规格的比色皿、两片偏振光片(借自物理实验室：一片做起偏镜，一片做检偏镜)、LED 手电筒、废旧长方体纸盒、工具(美工刀、剪刀、透明胶带、热溶胶枪)。

图 2　主要制作材料

2.制作步骤

(1)用废旧纸片卷成两个长约 5 cm 的纸筒并用透明胶带塑封住,不让其散开。纸筒的内径正好装进偏振光片细的一端,并保证偏振光片能轻松转动,又不掉出来。

(2)在长方体纸盒的两端分别画对角线,以交点为圆心各挖一个圆孔,孔径大小以正好塞入上一步制作的纸筒为宜。安装上纸筒,放入比色皿调节纸筒的位置,并在检偏镜侧的纸筒上剪出口子,用于固定比色皿,用热溶胶固定两个纸筒于纸盒上。

(3)由于纸筒的圆形与比色皿的方形不能完全重合,会有光线从边上进入,所以用纸板制作一张遮光片,防止纸筒与比色皿不重合部分有光进入。增加盒盖,防止自然光从上面进入观测仪干扰实验效果。(见图 3)

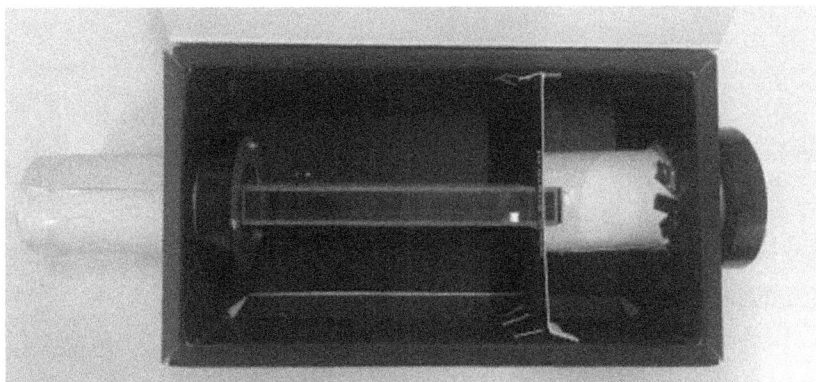

图 3 手性分子旋光性观测仪

三、实验操作

1.用烧杯和玻璃棒配制手性分子(如葡萄糖、果糖)浓溶液,尽可能配得浓一些,因为在一定温度下,指定物质的比旋光度是一个定值,所以使用同一长度的比色皿时,溶液的浓度越大,偏振光的旋光现象就越明显,测量时旋光度也就越大。

2.在比色皿中装入蒸馏水,装上遮光片,盖上盒盖,打开手电筒,转动检偏镜,观察到最亮光斑时,记录检偏镜的指针角度位置(见图 4)。

3.在比色皿中换上手性分子浓溶液,装上遮光片,盖上盒盖,观察是否有最亮光斑现象(发生旋光现象,不能观察到最亮的光斑),转动检偏镜,当重新观察到最亮光斑现象时,记录检偏镜的指针角度(见图5),指针变化的角度,即为粗略测量得到的旋光度。两次观察也可以记录均发生消光现象时的指针角度,其角度变化量是相同的。

图 4　装蒸馏水时指针位置

图 5　装手性分子溶液时指针位置

四、使用评价

1. 创新设计

(1)本装置充分利用实验室现有条件和借用物理光学元件,完成本来需要高昂价格的仪器才能完成的实验,节约了学校的办学经费,并使高中学生有机会接触到高端的实验。

(2)实验装置便携,实验无场地要求,实验步骤简明,操作简单,现象明显,成功率高,学生亲身观察手性分子旋光现象,印象更加深刻。

(3)运用物理元器件进行化学实验,使学生在了解物理知识(偏振光知识)的同时,增强化学概念(手性分子),有利于帮助学生认识学科之间的相互联系,培养跨学科思维意识,有利于开展 STEM 教育。

2. 优化方向

(1)带有密封盖的进口比色皿价格昂贵,而实验室现有比色皿要匹配密封盖比较困难,所以实验过程中如果晃动幅度过大,会造成比色皿中溶液外溢。并且由于偏振光片是圆形的,与比色皿的方形不能完全重合,会影响观察的效果。所以优化方向是寻找密封性和透光性都好的圆柱形仪器来代替敞口的比色皿。

(2)用肉眼观察只能定性观察旋光现象,或者非常粗略地估读旋光度,优化方向是可以利用手持光学传感技术,精确地识别光强度,精准测定旋光度。

参考文献

[1] 张惠敏,钱扬义."焰色反应"实验的创新设计[J].化学教育(中英文),2018,39(9):68-73.

[2] 王祖浩.普通高中化学课程实验教科书·有机化学基础(选修)[M].南京:江苏教育出版社,2014:11.

[3] 王佩祥,喻秋山,黄志洋,等.偏振光实验系统的趣味性改进[J].物理实验,2016,36(2):37-41.

[4] 王来元.简易偏振观察仪[J].物理教师,2008,29(3):27.

(发表于《教育与装备研究》2020年第7期)

镁条燃烧制备氮化镁的简易方法研究

【摘　要】用镁条与空气中的氮气反应快速制备氮化镁，在近乎密闭的体系中2分钟内完成实验，改进后的实验装置简单，操作便捷，现象明显，适于课堂演示。

【关键词】氮化镁；镁；空气；实验改进

一、问题的提出

苏教版《化学1》"镁的提取和应用"中介绍了镁能与空气中的氧气、氮气、二氧化碳反应。[1]然而课堂演示实验"镁条在空气中燃烧"，常规操作往往只能看到比较熟悉的白色固体氧化镁，学生对黄色固体氮化镁却很陌生。由于教材中并没有镁与氮气反应的演示实验，因此学生缺少必要的感性认识，不利于学生对该知识的理解。如果通过系列实验制备纯净氮气与镁粉反应，固然能够得到氮化镁，然而，这样的实验流程烦琐且费时，显然不适合课堂演示。

代冬梅、丁伟[2]利用图1装置控制空气对流，《高中化学实验创新与研究》[3]中利用图2装置控制对流，其原理均是利用过量镁粉在不对流的空气中燃烧（镁条引燃），耗尽氧气后制得氮化镁。笔者按照上述方法反复试验，发现虽然能够成功制得氮化镁，但是黄色固体量很少，而且镁条引燃过程中会有大量镁粉喷散且燃烧不充分，并有镁粉混杂在产物中，效果不是最理想。

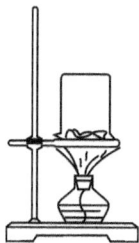

图1

图2

笔者经多次尝试,设计了一种较为理想的实验方法,简单快捷,现象明显。

二、实验原理

$$3Mg + N_2 \xrightarrow{\text{点燃}} Mg_3N_2$$

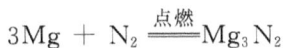

涉及的化学反应如下:

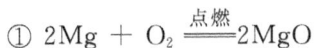

① $2Mg + O_2 \xrightarrow{\text{点燃}} 2MgO$

② $Mg_3N_2 + 6H_2O = 3Mg(OH)_2 + 2NH_3\uparrow$

在空气中,镁主要是与活泼的氧气反应,而与氮气反应的程度很弱;若控制空气不对流,消耗掉了空气中的氧气后,过量的镁与氮气的反应将占到主要作用。

三、实验仪器与药品

蒸发皿、200 mL 烧杯、坩埚钳、镁条、酒精灯、酚酞试液、红色石蕊试纸、试管、石棉网。

四、实验改进

1. 实验步骤

(1)取 6 cm 长镁条(过量),打磨光亮,折成 Z 形,使 3 片等长镁条紧贴。

(2)取蒸发皿置于石棉网上,准备好 200 mL 烧杯,烧杯口刚好能扣住蒸发皿内壁为最佳(防止空气对流)。

(3)用坩埚钳夹持镁条,引燃后立即移到蒸发皿上方,用烧杯罩住蒸发皿,使镁条与外界空气近乎隔离,待镁条快燃尽时松手移出坩埚钳,如图 3。

(4)静置、冷却后取下烧杯,用剪刀拨开片状镁条灰烬,观察,如图 4。

(5)将燃烧生成物取少量置于试管中,加入适量水,向试管内滴加酚酞试液,观察现象,再将润湿的红色石蕊试纸置于试管口,观察试纸是否变色,如图 5。

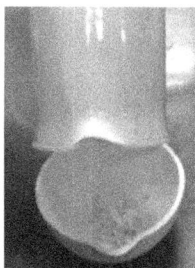
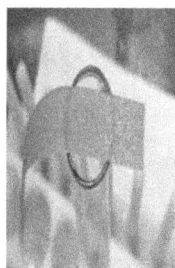

图3　　　　　　　　　　　图4　　　　　　　　　　　图5

2. 实验成功的关键点

(1)镁条过量且多片折叠，过量镁条在消耗掉氧气的同时产生高温，为氮气和镁条反应提供能量。

(2)选择合适大小的烧杯罩住蒸发皿，阻隔空气交换。

五、实验结果分析与解释

1. 实验现象及产物成分分析

通过多次实验发现，过量镁条在"密闭"空间内燃烧过程中，发出耀眼的白光，产生大量白烟(烧杯罩牢，不会外泄)，烧杯内壁附着一薄层白色固体，蒸发皿内固体产物呈片状褶皱，几乎保持3片镁条紧靠原型，其中最外侧表层呈白色(图6)，内侧及夹层处有大量黄色氮化镁固体生成(图7)。

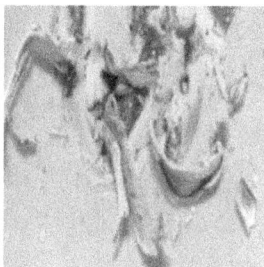

图6　　　　　　　　　　　图7　　　　　　　　　　　图8

取一片燃烧产物(黄色固体)于试管中，加适量蒸馏水，立即听到嘶嘶的响声，可见氮化镁剧烈水解，在试管口处用湿润的红色石蕊试纸检验，试纸变蓝(图5)，再向试管内滴加酚酞，溶液明显变红，且试管底部有白色固体沉积，正是氮化镁的水解生成的氢氧化镁和原燃烧产物中的氧化镁(图 8)。

用药匙刮取烧杯内壁上白色固体少许于试管中,重复上述操作,除滴加酚酞后溶液略显粉红和白色固体沉积外,未见其他现象,证明烧杯内壁附着的白色固体主要成分为氧化镁。需要指明的是,在不对流的空气中 CO_2 的含量极低,受实验条件所限,本实验中并未观察到产物中含单质碳的直接证据。

2.产物外侧表层"白色固体"成因分析

按照上述步骤反复实验,所得产物始终会出现"外白内黄"现象,尝试用 3 片等长镁条,分别以单片、双片(对折)、三片(Z 形)同样操作完成实验,单片镁条燃烧产物表面几乎呈白色,只有少许氮化镁外漏,而多片镁条燃烧产物"外白内黄",有大量黄色固体存在。分析原因可能为:

(1)反应过程中产生"白烟"冷凝后覆盖在产物表面。

(2)高温下发生反应 $Mg_3N_2(s) + 3H_2O(g) \!=\!\!=\! 3MgO(s) + 2NH_3(g)$。

(3)表层氮化镁和少量氧气反应生成氧化镁。

为此查阅热力学数据并演绎计算如下:

$$2Mg_3N_2(s) + 3O_2(g) \!=\!\!=\! 6MgO(s) + 2N_2(g)$$

相关物质的自由能、生成焓等如表 1。

表 1　相关物质的热力学数据(298 K)[4]

物质	状态	ΔfH_m^θ /(kJ·mol^{-1})	ΔfG_m^θ /(kJ·mol^{-1})	S_m^θ /(J·mol^{-1}·K^{-1})
Mg_3N_2	s	−461.1	−400.9	87.9
O_2	q	0	0	205.1
MgO	s	−601.6	−569.3	26.98
N_2	q	0	0	191.6

计算得 $2Mg_3N_2(s) + 3O_2(g) \!=\!\!=\! 6MgO(s) + 2N_2(g)$ 的热力学数据如下:

$\Delta_rG_m^\theta = -2614$ kJ·mol^{-1};$\Delta_rH_m^\theta = -2687.4$ kJ·mol^{-1};$\Delta_rS_m^\theta = -246.2$ J·mol^{-1}·K^{-1};

逆反应反转温度 T=10917.4 K。

分析上述数据,很容易发现氮化镁燃烧为低温自发反应,即氮化镁在高温有氧环境中会自动转化为氧化镁,而要由氧化镁和氮气再逆向转化生成氮化镁,条件要求则很高,反转温度需要达到 10917 K,也就是说,该反应可逆性很差,氮化镁不小心就会被氧气氧化,而氮化镁一旦被氧化,则不会再逆向转化得到氮化镁。

综上分析,产物外侧表层"白色固体"成因,被"白烟"覆盖的可能性较小,因内层都是黄色固体,而过程中白烟是持续产生的,这与表层白色"很薄"似乎说不通。气象资料显示,实验当天浙江海盐空气湿度为70%,结合理论研究和实验现象分析"白色固体"成因为(2)(3)可能性更大。由于实验条件所限,尚未做热重法等精确分析。

六、实验改进的意义

实验改进的优点:仪器简单、操作便捷、现象明显,十分适合课堂演示或学生实验,建议在教材中增加氮化镁制备的演示实验。

我们一直强调核心素养导向的课堂教学,实验无疑是化学课堂上核心素养落地的有效载体。本实验通过烧杯来阻隔空气交换,间接改变镁条燃烧的实验环境,实现了氮化镁制备实验与性质实验的直观性、对比性、探究性和简约性。潜移默化中培养学生的变化观念和问题意识。化学教学中,引导学生开展实验创新和基于数据演绎的证据推理,让学生在思考与实践中实现素养达成。

参考文献

[1] 王祖浩.普通高中化学课程标准实验教科书·化学1(必修)[M].南京:江苏教育出版社,2014:55-56.

[2] 代冬梅,丁伟.氮化镁的实验室简易制备方法[J].化学教学,2015(3):50-53.

[3] 林肃浩,赵琦,陆燕海.高中化学实验创新与研究[M].杭州:浙江教育出版社,2017:191-196.

[4] 迪安.兰氏化学手册[M].15版.北京:科学出版社,1991:31-37.

(发表于《化学教与学》2019年第5期)

氨气还原氧化铜实验的改进

【摘 要】设计利用球形干燥管组装反应装置,实验中只需要使用少量试剂,防止氨气逸出,体现绿色化学理念,对发展学生实验探究的核心素养,培养学生证据意识和社会责任意识具有积极意义。

【关键词】氨气还原氧化铜;实验改进;绿色化学

一、问题的提出

苏教版《化学1》中关于氨气的性质,并没有涉及氨气的还原性,从价态角度引入氨气的还原性,还是大多数教师在教学过程中增补的教学内容,而实验探究氨气的还原性是辩证推理的主要手段。笔者查阅文献资料发现,最早的实验是将铜丝灼烧,变黑后趁热插入到疏松的氯化铵晶体里。[1]后来有学者提出利用该现象得出结论还有待商榷,提出用氨气还原灼热的氧化铜的改进实验,也是目前较为流行的实验方案。[2]但该实验需要两组酒精灯加热,相对耗时较长,且产生难闻的氨气,学生观察实验现象也比较困难。根据课堂教学需要,笔者做如下改进,以期实现实验的绿色化和简约化,使演示实验变成分组实验,让学生直观地了解和感受实验探究的乐趣,实现实验室实验"尽可能小剂量、省资源、少污染、低成本"的绿色化学理念,进而养成学生良好的化学素养。

二、实验改进

1. 实验装置

实验装置的示意图和实验图如图1、图2所示。

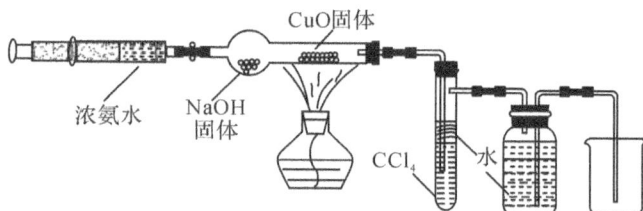

图 1　改进装置示意图

图 2　改进装置实物图

2. 实验仪器和药品

干燥管、酒精灯、具支试管、广口瓶、烧杯、针筒、胶塞、止水夹、乳胶管、火柴、氨水(AR)、氢氧化钠固体(AR)、氧化铜(AR)、四氯化碳(AR)、蒸馏水。

3. 实验步骤

按图2组装实验装置,检查装置气密性。向干燥管球状凹面中加入少量氢氧化钠固体,干燥管长颈内加入少量氧化铜粉。(见图3)具支试管内先后加入四氯化碳和水(导管浸没于四氯化碳中)(见图4),广口瓶内加满水(见图5)。然后点燃酒精灯加热氧化铜,半分钟后用针筒向干燥管中小心地注入少量氨水,使氨水与固体氢氧化钠接触。

图3 向干燥管中添加试剂　图4 向具支试管中加入试剂　图5 向广口瓶中加满水

4. 实验现象

加入的氨水接触固体氢氧化钠,迅速反应产生氨气,氨气与热的黑色氧化铜反应,黑色固体逐渐变红。(见图6)广口瓶中有气体残留,烧杯中有水排出。

图6 干燥管中黑色固体变红

三、实验分析与思考

1. 实验原理

氨水中存在 $NH_3+H_2O \rightleftharpoons NH_3 \cdot H_2O \rightleftharpoons NH_4^+ + OH^-$,与氢氧化钠固体接触后,氢氧化钠溶于水形成水合钠离子、水合氢氧根离子,消耗了水,放出大量的热,氨气挥发,平衡逆向移动;氢氧根离子浓度增大,平衡逆向移动,产生氨气。

氨气含 -3 价 N,具有还原性,能被较强氧化剂氧化,反应方程式如下:

$$2NH_3 + 3CuO \xrightarrow{\triangle} N_2 + 3Cu + 3H_2O$$

查阅数据获得 $\Delta H = +162.18\ kJ \cdot mol^{-1} > 0$，$\Delta S = +344.4\ J \cdot K^{-1} \cdot mol^{-1} > 0^{[3]}$，故该反应能在高温下自发。

2. 实验优点

(1)省时省试剂。

完成该实验需要的氨水不到 1 mL，固体氢氧化钠 1 g 左右，固体氧化铜半药匙不到(2 g 左右)。同时完成整个实验的时间(在课前准备仪器并进行气密性检查)少于 3 分钟。

(2)环保无污染。

整个装置密闭，实验过程中氨气不逸出，使用四氯化碳进行防倒吸处理，安全环保无污染，符合绿色化学要求。

(3)实验现象明显。

实验过程中明显观察到固体氢氧化钠与氨水接触时的反应，也可以清晰地观察到黑色的氧化铜逐渐变成红色，实验成功率非常高。

3. 实验思考

实验中需要注意加入氨水的量和速度，如果不当，氢氧化钠反应过于剧烈，会使液体冲出，导致干燥管受热不均而破裂。同时因为使用试剂量比较少，广口瓶中收集到的气体不多。

学生通过黑色氧化铜变红，可进行理论分析，体现氨气的还原性。在实际教学过程中，教师可进行深度迁移，如红色物质成分的验证，收集的气体成分的检测等。通过实验探究可培养学生科学探究和创新意识，通过实验现象分析可培养学生证实或证伪的科学探究思维。

参考文献

[1] 蒯世定. 氨气的还原性实验[J]. 化学教育,1984(3):47.

[2] 陆军. 氨气还原性实验的改进[J]. 化学教育,1991(3):33.

[3] 北京师范大学,华中师范大学,南京师范大学无机化学教研室. 无机化学[M]. 3 版. 北京：高等教育出版社,1997:491-496.

(发表于《实验教学与仪器》2019 年第 11 期)